增訂版

梁經緯

中華書局

序一

「我們一家都在荔園長大的！」我經常聽到很多荔園當年的常客這樣說。但我想最有權威說出這番話的人，應該就是我和我的家人了。自從父親於上世紀六十年代購入及經營荔園，我們一家人就和荔園及香港的娛樂業結下了不解緣。我是在七十年代出生的，記憶中的荔園正是七十年代後期至九七年結業時的荔園。我在家中排行第八，而我的每一位兄姊在成長過程中，多多少少都有參與荔園業務，都有屬於他或她們的荔園故事，而這些有關荔園的經歷，都是在周末或假期家庭聚會時的談論話題，所以我對自己出生前的荔園印象，應該都是從這些家庭飯局的閒談中獲得。

記憶中，小學時有很多時間都在荔園度過。由於當時家住新界，須到九龍上學，父親為了省卻車程及油費，往往讓司機在接我放學後到荔園等候，待父親在港島辦公室下班並到荔園巡視業務後，才一併接我回家。在遊樂場的時光，讓我看到人生百態，喜怒哀樂的故事常有發生，而管理遊樂場因為會遇到各樣突發事件，絕對是考驗管理人員「執生」及應變能力最好的地方，是培訓商業管理人員最佳的場景。我後來在大學選讀工商管理，相信也融會了荔園時的所見所聞。

二〇一五年，因緣際會重新註冊荔園品牌，並舉辦了幾次短期的嘉年華活動，將荔園再度帶來香港，嘗試用不同形式延續荔園品牌。二〇一五年夏天的活動，成為香港有史以來入場人數最多的一個嘉年華活動，代表了港人對荔園的掛念與舊日的情懷。最令我印象深刻的，有一家四代同堂（其中三代都在荔園工作過）到來遊玩的、有在我們場內求婚的、有第一百萬名入場人士的得獎驚喜，當然也有在鬼屋內嚇得抱住別人老公的趣事等。今日回想，我終於明白為何荔園能在好幾代港人的心中佔上一席位，因為我們並不只是販賣娛樂，我們最大的業務是製造回憶，為一代一代港人製造他們人生中的美麗回憶，而當大家成長之後，才會明白回憶是無價的，這才是荔園最大的存在意義和價值所在。

通過二〇一五年的活動，我認識了梁 Sir。梁 Sir 是香港歷史的活字典，也是荔園相關事物的收藏家，曾經多次借出收藏品給我們的活動作展覽。後來，梁 Sir 更提供了一些荔園成立的歷史背景及佐證，讓我們更確切知道荔園的成立時間，並為我們作為經營者也沒有的歷史數據作出一些補充。很高興今次梁 Sir 為荔園著書，把大家的共同回憶以文字及圖片記錄，再次將不同年代的荔園展示，而我作為經營者，亦希望荔園可以繼續為未來一代又一代的港人製造更多美好回憶！

荔園有限公司主席

邱達根

序二

記憶要從二十年前說起……當天在香港某懷舊商店，大家同時盯着同一件香港舊物，最後在互相禮讓之下，我認識了梁老師。平日大家工作非常忙碌，每當空閒時，彼此總有緣在舊店相遇，或許交談多了，投契而成為朋友，自此來往亦多。

某一年，我被邀請到他的私人儲物室參觀，此處儼如一個小型珍藏館，讚嘆及敬佩之情油然而生。我很慶幸能認識他，梁 Sir 喜愛藝術創作，閒來尤愛專注研究香港舊課本及香港學校，是一位好學不倦的終身學習者。他的為人平實，抱着持續的耐性將雜亂的資料分類得井然有序，為的是要保存這一點一滴的香港本土文化，整理工夫看似簡單，箇中心思卻十分難得。

過去香港人生活簡樸，沒有太多娛樂場所，所以昔日的荔園正正是帶給無數人歡樂及遊玩的好地方。很高興這本書引領我們往天真瀾漫的童年隧道走一趟，時間雖短卻很珍貴。大家不妨在這繁忙的緊張生活中停下腳步，輕輕鬆鬆地細讀翻閱……可能會為你帶來不少意想不到的歡樂回憶！

前香港收藏家協會主席

張順光

序三

童年的大觀園

得知認識多年的資深收藏家梁經緯（人稱梁 Sir）將會從個人珍藏的荔園資料，以圖文方式記存香港這一段重要歷史，感覺實屬難得，而本人還獲邀寫序，深感榮幸之餘，在此再向梁 Sir 說聲感謝。本人期待着未來有更多有心人，如梁 Sir 般努力不懈地書寫香港歷史，傳承我城的光輝傳奇。

自己從小學到中學階段，經歷了香港的七八十年代，正值是工業起飛和娛樂事業高速發展的階段，生活上仍然是相對簡樸和務實。當時，香港還未有主題公園，啟德遊樂場（一九六五—一九八二）和荔園（一九四八—一九九七）分別屹立於東西九龍，各領風騷，為市民提供了主要消遣和玩樂。小時候家住新蒲崗，雖然近水樓台，能夠到啟德遊樂場，都屬偶一為之的活動。同學中有人經常炫耀曾在荔園有過刺激玩樂的新體驗，確實令我既羨慕又妒忌，心知啟德遊樂場無論在規模和設施上都比不上荔園。

渴望到夢寐以求的荔園暢玩，我這個「小學雞」惟有整天哀求母親，卻換來「籐條炆豬肉」。其間叔叔看在眼內，趁某天假日偷偷帶着我到荔園，能夠夢想成真，令我歡喜若狂。原來從家鄉來港多年的叔叔也從未到過荔園。抱着興奮的心情，叔姪倆踏進荔園，仿似劉姥姥走入大觀園，眼前的過山車和大型摩天輪，加上現場叫喊聲和閃着火花的碰碰車，都叫人目不暇給。園中有不少考眼界和碰運氣的攤位遊戲，如氣槍射擊或掟階磚贏香口膠，都深受一家大小和情侶的歡迎，縱使從旁吃花生的，也替別人開心。

另一邊廂的劇院，有不少歌星輪流表演，包括充滿稚氣的張圓圓（張德蘭）、鍾叮噹、麗莎，還有徐小鳳、森森和斑斑，都叫叔叔看得心花怒放，就在這碰撞下，叔叔和我在荔園內足足消磨了大半天，真正樂而忘返。後來叔叔告知原來他剛好在電子廠獲升職加薪，很想到荔園一遊以獎勵自己，事後叔叔更高興得寫信告知鄉間的妻兒談及有關香港的繁榮和熱鬧，更希望能申請他們早日來港團聚。意想不到的是，第一次到荔園的體驗竟慰藉了叔姪倆的心靈。

往後年紀漸長，已甚少到訪荔園，取而代之是海洋公園。一下子跳進最新穎刺激的過山車，又會到海洋劇場欣賞海獅和殺人鯨明星海威的精彩表演，早已忘卻在荔園那隻鎖上鐵鏈及每日乞求食物的大象「天奴」。最後，天奴終於在一九八九年離世，埋在將軍澳堆填區，成為當年一段令人感慨的小新聞。

奇怪的是臨近九七回歸，不少老字號相繼結業，荔園也在一九九七年四月一日正式關門，可說代表一個本地庶民娛樂光輝時代的告終，對我們這一代的香港人來說，實在感到無限惋惜。

人到中年，偶爾午夜夢迴，回到這些童年時代，即便朦朦朧朧以及零碎的片段，依稀也能辨認到那個白箭牌香口膠的招牌，甚或在音樂和歡笑聲交織下的大型旋轉木馬、小飛象、摩天輪、神秘寶洞……此情此景，如此真實，瞬間夢醒，茫然若失，更是無奈。

文化葫蘆創辦人

吳文正

自序

據文獻記載，第一代荔園誕生於一九四八年五月二十二日，當時還稱作荔枝園。雖說荔園於一九九七年四月一日正式結業，然而市民大眾從未停止談論荔園。二〇〇五年十月九日，第三代荔園掌舵手邱德根先生曾稱其有意於大嶼山重建荔園。雖然此項重建計劃終於未能成事，邱德根孻仔邱達根先生為圓亡父心願，在二〇一五年投資近億港元重現荔園——「荔園 Super Summer 2015」，以短期租約形式重現於中環填海後的新海濱。雖則只作短暫的呈現，卻勾起了香港當時老、中、青三代人昔日的荔園情懷。

其後，新荔園一再以不同形式重現在大眾眼前，包括開設茶餐廳、中菜館，舉辦展覽等，讓市民得以返回樂園昔日的美好時光，認識這段歷史。如今這個曾二度易手，並不斷變身重現的荔園，已走過了七十五個年頭。適逢二〇二三年荔園鑽禧紀念之際，將《憶記荔園》正式整理出版，正好作為給荔園的一份祝賀禮物。

這本書得以面世，除了因為一份對荔園的感情和祝福，當中最促使我懷着一份熱情去整理及編寫荔園故事的原因，來自於一張兒時的照片。一九六〇年，父親用他心愛的一二〇雙鏡頭單鏡反光相機，親自為我們幾兄弟姊妹拍下合照。佔據相片中央最大面積的，正是當年荔園園內供人攀爬並拍照的大象影相板。其實我們共有五名兄弟姊妹，由於當時家境窮困，住在舊式唐樓，家中地方狹小，於是大家姐寄住在親戚家裏，未有在照片中出現。當年我們的生活並不充裕，但性格樂天的父親，從來不會愁眉苦面，總會將最好的給予我們。就以當時荔園門票為例，小童每位三毫半，成人六毫，而母親當天亦有進場，那麼四個小朋友加上兩個大人的入場票，合共花費二元六角，這筆消費在那個貧困的年代實屬奢侈。

① 這是我們唯一進入荔園遊玩時拍的家庭照，記於1960年7月16日。

② 父親頸上掛着他心愛的120雙鏡頭單鏡反光相機，親自為我們幾兄弟姊妹拍攝。

③ 父親性格樂天，並喜愛拍照，得以為我們留下童年生活的快樂回憶。

父親喜愛影相，從他親自整理的幾本舊相簿得知，他拍攝時並沒甚麼特別主題，大部分都在記錄我們的家庭生活，也因而得以留下這張照片。這張一九六〇年遊荔園的家庭照至今保存良好，清楚記錄了當時窮孩子在父親帶領下到荔園遊玩的歡樂景象。去年六月，父親在一百零三歲高齡下，安詳地進入天國。他積來的福氣相信與他知命樂天的性格以及對我們的無比關愛有莫大的關係。

父親，這書是送給你的，祝願你和母親倆在天國再續情緣，活得無憂無慮，「簡單而快樂」。

同樣，荔園在過去數十年為我們幾代人帶來歡樂回憶，確實功不可沒。雖然你經歷了三代執掌人，在一九九七年停業後依然多次重現，不斷變身，我們始終沒有將你忘記，仍舊記得這位老朋友。祝你繼續發光發熱，延續荔園昔日「簡單的快樂」的精神。

最後，我要多謝中華書局（香港）有限公司黎耀強先生對出版此書的推介，昔日非凡出版編輯梁卓倫先生和本書責任編輯白靜薇小姐的幫助。此外，筆者還要特別多謝荔園有限公司主席邱達根先生、兩位收藏界前輩及好友張順光先生及吳文正先生為小弟在書中賜序，還有一班好友無條件地借出心愛藏品，或對成書給予寶貴意見，在此向你們一一作由衷的謝意。

①

③

②

前言

足足經營了近半世紀的荔園，可能是香港遊樂場界最後一個傳奇。它創建於上世紀四十年代末，輝煌於六十年代，求變於八十年代，結束於九十年代，直至近年以另一種姿態再現。

數十年來，荔園數度易手，園內設施歷經多次變化，由盛至衰，本書將會把它的歷史分為四個時代書寫。

四十年代創建之時，其原址為新界葵涌九華徑荔景山道二八四號，其後縱有擴展，但一直扎根該處，未有變遷。如今，現址已發展為住宅樓宇，分別是荔欣苑、華荔邨及盈暉臺。

荔園與我們共度了四十九個年頭，為數代香港人帶來珍貴的回憶，相信大家都會同意它是空前絕後的香港遊樂場，但它有甚麼地方值得大家一同集體懷緬呢？現在，就讓我們重塑荔園的故事。

目錄

1948
第一代荔園

基本資料

經營年份

一九四八至五〇年

面積

估計多於十萬平方尺

正門

設在園中（相對第二及第三代的大門較隱閉）

交通

在九龍佐敦道碼頭乘搭十二號巴士或於尖沙咀碼頭乘搭六號巴士，均可直達該園。另與油蔴地小輪公司配合，派出專船往來香港與荔枝角。

該園第一代正門及附近景物，它跟第二代及第三代門樓式的設計建築有着明顯的差異。

1950

荔園前身——荔枝角酒店

一九四七年六月二十二日，以「荔枝角酒店」（Lai Chi Kok Hotel and Amusement Park）為名之荔枝角海灘游泳場，在近九龍荔枝角荔灣海灘位置開幕，當天由九龍居民協會主席紀廉武先生（Mr. F. C. Clemo）主持揭幕儀式。開創者為生於天主教家庭、家境富裕的石鐘山先生。酒店面積佔地八萬餘平方尺，設客房九間、游泳池兩個、滾軸溜冰場以及草地馬場各一，另有十餘艘遊河艇供遊客在海上划行，並建有十座涼亭，兼營食肆。酒店並設免費專車，以接駁六號巴士，直達該處，吸引遊客造訪。同年七月二十七日，增設露天舞場。這所「荔枝角酒店」其實已算得上是第一代荔園的雛型了。

①

荔枝角酒店 廿二開幕

荔枝角一地，環境幽美，交通利便，戰前已為游泳消夏勝地，現有殷商，為供應各界人士消夏需要，特在荔枝角灣頭，開設荔枝角酒店，除客房設備華麗外，並設有淡水游泳池兩個，溜冰場一處，跑馬場一處，足供各界娛樂，並建有涼亭，以為憩息之用，此外並有游河艇十餘艘，輕快好玩，其餘酒菜部，茶水部設備均極精良，茲定本月廿二日（星期日）開幕，並于廿一日（星期六）招待新聞界參觀，該酒店並設有免費專車，接駁六號巴士，直達門前云。

②

面朝昂船洲　背枕九華徑

荔枝角酒店

港九及新界　唯一消夏營

今日開幕

游泳池溜冰場好玩
跑馬場游河艇好耍
各式合時酒菜好吃
幽雅美麗客房好住
專車接駁巴士好坐

電話：五九六六零

③

荔枝角游樂場

（每日營業時間）上午七時至下午十一時

酒店部 西菜部 唐菜部 茶水部 溜冰部 舢舨部 蔴雀部

貯物箱。每個租銀五毫

●更衣室 ●浴室 ●游泳池

免費享用

（注意）露天舞場不日開幕 日夜常備汽車送客

入場券每位三毫（連稅在內）

① 荔枝角酒店在開幕前兩天，報章已率先報道，酒店除提供酒店服務，還設有淡水泳池兩個、溜冰場及跑馬場各一個，並有十數艘遊河艇、涼亭及餐飲設備，極盡豪華。（《華僑日報》，1947 年 6 月 20 日）

② 荔枝角酒店在 1949 年 6 月 22 日正式開幕，被形容為港九及新界的「唯一消夏營」。廣告聲稱這是一所酒店，然而就「美麗幽雅」的客房描述不多，反而較多着墨在「好玩」、「好耍」及「好吃」的地方，不限於以住宿為賣點。（《華僑日報》，1947 年 6 月 22 日）

③ 荔枝角酒店開幕早期以「酒店」自居，但在一個月後的宣傳中，則形容為具備游泳池、浴室及更衣室的「游樂場」，彷彿酒店的功能已被「好玩」、「好吃」的角色取代。（《華僑日報》，1947 年 7 月 25 日）

創建年份眾說紛紜

荔園，全名「荔枝角遊樂園」，早期稱「荔枝園」。

對於荔園真正的創建年份，歷來眾說紛紜，筆者嘗試從以下資料去尋找答案。

荔園於一九五七年為慶祝創立七週年，印製了一批紀念小冊子（圖2），顯而易見，該小冊子說明荔園的創立年份就是一九五〇年；我們再看另一份荔園的週年紀念小冊子，年份是一九七二年，卻清楚寫上紀念荔園創建二十一週年（圖3），即交代了荔園的開創年份是一九五一年，而非七週年紀念小冊子所講的一九五〇年！究竟哪個年份才對？不禁令人大惑不解。

此外，荔園於一九九七年四月一日正式結業，其時荔園印製了大量一套四張閃咭的紀念品（見下頁），並於結業前幾天開始售賣（據云每套索價三十元）。套摺上印明

① 圖片顯示該遊河艇屬於某酒店出租物。雖然照片未能百份百證明這是荔枝角酒店的出租艇，但從背景的海灘環境，加上照片背面寫上在 1947 年拍攝，筆者大膽斷定這正是荔枝角酒店時期的荔灣照。

② 1957 年 7 月推出的荔園七週年紀念小冊子，意味着荔園是 1950 年創立。

③ 1972 年推出的荔園二十一週年紀念小冊子，上面印有邱德根所創辦的「遠東集團」字樣。開創年份變成了 1951 年。

一九四九—一九九七
回顧過往四十八年来，荔園
經歷無數改變，與香港同步
成長。多謝各方好友眷顧。
荔園全人祝大家萬事如意！
荔園
LAI CHI KOK AMUSEMENT PARK
48
48th Anniversary

①

荔枝園

游泳部

泳池四個

遊藝部

巨型電動機六具

水面單車

水面賽馬

大小舢舨

大溜冰場

露天舞場（暫未開放）

跑真馬場

即日開幕

•香港有史以來之最雄偉娛樂

②

荔枝園

游泳部

泳池四個

遊藝部

巨型電動機六具

水面單車

水面賽馬

大小舢舨

大溜冰場

露天舞場（暫未開放）

跑真馬場

經已開幕

•香港有史以來之最雄偉娛樂

③

「一九四九—一九九七」，清楚說明荔園於一九四九年創立，至一九九七年營運了四十八個年頭。

三份不同年代印製的荔園官方紀念品，記錄了三個不同的創立年份，分別是一九四九、一九五〇及一九五一年，相信大家都一頭霧水，究竟荔園在哪一年創立？

筆者嘗試在舊報章和雜誌中查找荔園開幕的資料，終於找到了一份一九四八年五月份的《華僑日報》，裏面刊登了一則廣告，公佈「荔枝園即日開幕」的消息，同時宣傳園裏的各樣設施、遊戲以及交通、收費等，這份報紙的出版日期是一九四八年五月二十二日。

除了開幕日的報紙廣告，筆者還找來同一年的五月二十三日及五月二十四日的報紙廣告，均記錄了已經開幕的消息。如此一來，筆者大膽斷定，第一代荔園的正式開幕日期就是一九四八年五月二十二日！

與此同時，在一九四八年五月

① 荔園於 1997 年 4 月 1 日結業前印製的紀念套摺，清楚寫明荔園在 1949 年開創，這又是真的嗎？

② 1948 年 5 月 22 日的《華僑日報》，上面刊有荔枝園即日開幕的廣告，並宣稱是「香港有史以來之最雄偉娛樂場」。(《華僑日報》，1948 年 5 月 22 日)

③ 1948 年 5 月 24 日的《華僑日報》，再次刊登荔枝園的開幕廣告，並寫明「經已開幕」。(《華僑日報》，1948 年 5 月 24 日)

大放烟花
即晚七彩烟花節目
飲食部
冰室西菜
中西酒菜
入場券每位五毫 小童三毫
俱直達本園

大放烟花
即晚七彩煙花精彩節目
飲食部
冰室西菜
中西酒菜
入場券每位五毫 小童三毫
俱直達本園

南中國唯一近代巨型遊樂場
荔枝園
工程完竣開幕期近
地址
九龍
荔枝角
門券五角
不另收費
游泳部
新式巨型
山水游泳池
設備四座
容量無限
水經消毒
設備完善
水上遊藝部
水上單車
水上木馬
中國式遊艇
新型舢舨
應有盡有
陸上遊藝部
溜冰場
露天舞場
跑馬場
高射機槍
特設美國新式遊藝玩品
中菜部
花園雅座
涼亭建築
四大酒家
負責主理
大小讌會
雀局消遣
各適其適
西菜部
及
飲冰部
牛奶冰廠有限公司
專負責
清潔衛生
取值公平
耗資港幣二百五十萬元・面積一百六十萬方尺
①

②

二十九日出版的《東風畫報》，亦發現了記載荔枝園剛剛開幕的消息，從這份刊物連同上述報紙廣告，更確切肯定初代荔園的開幕日期就是上面提及的日子。

第一代荔園——荔枝園

前文提及，石鐘山先生在一九四七年六月二十二日開設「荔枝角酒店」；然而，營運不足一年，石氏即再投資一百多萬元，在原址擴建「荔枝角遊樂園」，是為宣傳廣告上的「荔枝園」。

經過數月修建，荔枝園最終報稱耗資二百五十萬港元，在一九四八年五月二十二日正式開幕，當年號稱「南中國唯一近代巨型遊樂場」，入場費成人每位五毫，小童三毫。

為何酒店開張不足一年，已經要改建呢？酒店離開市區，臨海而建，本是理想的消暑別墅，但有說也因此容易成了男女幽會之地。石鐘山就曾說過「以免藏污納垢，而礙遊客之名譽」。考慮到他是一位虔誠的天主教徒，且很早已投身教育事業（詳見章末〈石鐘山小傳〉），所以不難理解他大刀闊斧、大事革新的決心。

荔枝角酒店原本佔地僅八萬餘尺，相較之下，荔枝園的面積大幅增加了，開幕時聲稱佔地一百六十餘萬平方尺，但即使荔園在六十年代的高峰期，總面積都不過三十餘萬平方尺，相信這是開幕時為虛張聲勢，才會誇大數字。其面向荔灣海灘，並擴展至旁邊的「狗扒徑」（即現在之九華徑）半山位置，平原遼闊，一望無際。

荔枝園面積大為增加，相應的遊玩設施也豐富多了。荔枝園以水上玩樂為重點，先是游泳場增加至四個，而敞大的人工湖更是焦點所在，亦有不同水上遊樂設施。

雖然荔枝角鄰近九龍市區，但當時仍屬偏僻地區，幸而交通尚算便利，在九龍佐敦道碼頭乘搭十二號巴士，或在尖沙咀碼頭乘搭六號巴士，

① 1948 年第 28 期《東風畫報》，提供了十分重要的荔枝園開幕線索，首先其封面內頁刊登了荔枝園的宣傳廣告，該廣告寫有「工程完峻開幕期近」的字眼，另外分門別類介紹了荔枝園的五大設施，分別是游泳部、水上遊藝部、陸上遊藝部、中菜部及西菜部。（《東風畫報》第 28 期，1948 年 5 月 29 日）

② 荔枝園正門入口。下車後沿着小路，不到兩分鐘便抵達。（《香港手冊》全一冊，嘉華出版廣告社，1950 年 6 月。）

即可直達該園。另外，荔枝園與油麻地小輪公司配合，設有專船往來香港與荔枝角，惟宣傳資料未有提及實施日期及收費。此種小輪渡海服務一直延伸至第三代荔園，後者稱作「海上行宮」，但服務略有不同。

據報，荔枝園開幕前一天，該園西經理愛比理士及華經理石鐘山特設雞尾酒會招待中西名流，來賓有中西男女約六百餘人。由兩位經理帶引來賓環繞園內一周後，雞尾酒會隨即開始。席上由石氏致歡迎詞及分享創立經過，然後由廖亞利孖打大律師以來賓身份致詞，盛讚該園之建設及創舉，直至晚上十時許賓主盡歡而散。

開幕以來，一連數天的宣傳資料高調指出每晚均大放七彩煙花，名目計有：「百鳥歸巢、爵祿封侯、譽滿環球、八仙祝壽、銅頭俠大破鐵甲人、火輪車比賽、青龍出洞、醉漢戲佛爺、電火大車、五彩穿雲箭、電光飛蝶、空中彩色連子炮、高空火箭……」等。

①

②

① 第一代荔園設「海上行宮」，為居住港島區的進園者帶來交通上的便利。（一九五一年的報章廣告）

② 從園內泳池向外望，中間遠處正是荔枝園的正門。

③ 第28期《東風畫報》內頁，以整頁篇幅介紹荔枝園，並刊有多張園內照片，極為珍貴。報道中簡介了荔枝園的設施，並提到「荔枝園開幕至今，雖僅數天，因它的收費低廉及設備豐富關係，得到了全港百餘萬市民的稱贊（讚）了」。足證當時荔枝園剛告開幕而已。（《東風畫報》第28期，1948年5月29日）

南中國的最新遊樂塲

荔枝園

（顏昌藩攝）

九龍的荔枝角，最近完成一所規模很大的遊樂塲、佔地一百六十萬方尺，耗資達港幣二百五十萬元，內容的設備，在南中國實屬空前，因它除建有極大容量的巨型山水泳池四個外，更可直通出海濱游泳，水上的遊藝，有水上單車，水上賽馬，中式遊艇，西式舢艇，陸上的，也有很多種，如溜冰塲，露天舞塲，高射機槍，與及由美運到新型遊戲機多種之外，更特建一座很大的跑馬塲，這座跑馬塲，是給大衆的市民來享用的，所有的馬匹，均由澳洲運港，且會經受過了訓練，預備微收的租馬費用，是很低廉，中菜部則由香港四大酒家負責主理，除偉大的新型建築外，更設花園雜座及涼亭冊餘座供客享用，西菜冰室，則由牛奶冰廠有限公司承辦，經濟衛生，兼而有之，故荔枝園開幕至今，雖僅數天，因它的收費低廉及設備豐富關係，得到了全港百餘萬市民的稱讚了。

上圖乃該園全景，左上端為跑馬塲，中為湖心亭，亭之四週，皆繞以水，蕩艇其間，其樂無藝，現油蔴地小輪公司派出專船，往來香港荔枝角線，今後香港人士前往消遣將甚利便矣。

・編者・

LAICHIKOK
AMUSEMENT
PARK

設施

荔枝園開業初期，計有五大類別的設施，分別是游泳部、水上遊藝部、陸上遊藝部、中菜部及西菜部。簡言之，即歸類為三大範疇：水上遊樂、陸上遊樂及餐飲。其中水上遊樂設施為重點所在。

水上遊樂

園中有人工湖，湖中央設有湖心亭，這亭子採用中式建築設計，造型古雅，頂部四面裝有時鐘，具報時作用，屬於第一代荔園的地標。湖上備有不同遊樂設施，包括中式遊艇、新型舢舨、水上單車（截取單車上段，加以改造，下方改成浮筒）及水上木馬（以手搖動馬韁，則木馬可在水上行進）等。後兩項水上玩意在當時來

②

①

③

① 四周繞以湖水的湖心亭，是第一代荔園的標記，這相片由園內湖心亭往荔灣方向拍攝，圖片左方有一出入口，正是第一代荔園正門。第二代主理人接手後，將此門拆卸，出入口改向南移，成為五個進出口的大門。

② 湖心亭近照，相片左下角寫有「荔枝園」三字，清楚說明那屬於第一代荔園的景色及陳設。

③ 這照片攝於 1949 年，這位先生正在人工湖邊歇息；遠處湖心亭後方的房子，依稀見到「THE DAIRY FARM」的字眼，推斷是由香港牛奶冰廠有限公司主理的餐飲食店。

說比較罕見，極具創意。此外，遊客可泛舟，經人造運河直通荔灣海濱。

場內另有巨型「山水泳池」四個。據稱池水來自附近山上溪流，以及引進海水，經消毒後使用。為增加吸引力，荔枝園強調園內一切游泳、沖身、更衣及貯物等，一概不另收費。

湖心亭四周繞以湖水。圖中見到遊客在亭子歇息，很寫意呢！

① 圖中的舢舨尾部清楚註明「荔枝園」三字，說明當年荔枝園的確有提供租艇服務。相片背景為一淺灘，推斷是從園內沿海濱小河到達。

② 前文曾交待荔枝園於 1948 年 5 月 22 日正式開幕，然而這則在 1949 年 4 月 16 日再次提及荔枝園全面開放的廣告，卻令讀者暗生疑問。估計荔枝園在營運首年困難重重，生意未如理想，樂園可能曾一度關門、暫停營業，後來經一番部署，於第二個年度張開旗鼓，重新開放。（《星島日報》，1949 年 4 月 15 日）

③ 荔枝園內的游泳池面積可能較現在的標準泳池還大。圖中泳池旁是由香港牛奶冰廠有限公司（The Dairy Farm）主理的西菜餐飲部。（《東風畫報》，1950 年 6 月 20 日）

①

全港最宏偉之超級遊樂場

荔枝園☆遊樂場

明日開放

全園面積萬餘方尺 泳池三個 兩重沙濾 徹底消毒 涼亭數十 雀局最佳 露天冰場 平滑寬敞 舢板多艘 足供消遣 西菜冰室 香港牛奶公司主理

☆ 第六號巴士由尖沙咀開 十二號巴士由佐頓道開 直達園門前

②

荔枝角 接近九龍市區的荔枝海濱，現已因爲該處開設了「荔枝園」而熱鬧起來，圖爲荔枝園內的游泳池。

Laichikok swimming pool in Laichi Gardens is favourite near Kowloon.

③

陸上遊樂

第一代荔園設有不同陸上遊樂設施，如大溜冰場（即滾軸溜冰場）、露天舞場、高射機槍，以及由美國進口的新型彈珠機——全以電力控制，有活動人物影畫表示積分，玩意新奇，為當年罕見。

另外，園內更特建一座草地馬場，供大眾市民試騎馬匹；所有馬匹均由澳洲運到，受過訓練，徵收的租馬費用亦頗低廉。在遊樂場內建有馬場，在香港實屬創舉。

隨着面積擴大，園內環境變得寬敞，場內也擴建超過三十個涼亭，供遊人歇息。

飲食

中菜方面，分別由香港四大酒家負責主理四家餐館。另設花園雅座，備有大小宴會、雀局消遣，各適其適。

西菜方面，由香港牛奶冰廠有限公司（The Dairy Farm）營運，設飲冰室及酒吧，聲稱清潔衛生，取價公道。

園內四處鋪設露天雅座，孩子也可在園內四處遊玩。

小結

一九四五年，香港重光，百廢待興；同時間大量移民從內地湧進，香港人口迅速增長。在這背景下，石鐘山希望為普羅大眾提供一個消閒玩樂場所，忘掉煩憂，其造福香港市民之心值得肯定。

一九四八年五月，荔枝園開幕，以游泳池的設施為賣點，設立多項水上玩意，另有草地馬場讓市民學習策騎馬匹，以至設有敞大的滾軸溜冰場，顯見其着重運動方面的設施。石鐘山曾向新聞界表示，深知智育與體育的關係，興建荔枝園的宗旨，正是從體育運動方面，「為扶植教育而為社會謀幸福」。

值得一提是，數個泳池旁邊都加建了不少美國進口的兒童遊戲，開闢成「兒童世界」，充分顯示他顧及各年齡層的口味，將荔枝園打造成一合家歡、老幼咸宜的消閒娛樂場所。

據一九四九年十二月《工商日報》的一則報道，形容荔枝園在這面山臨海的僻靜角落裏，是「九龍唯一公眾娛樂園所」（同處九龍區的天虹遊樂場和明園遊樂場均在五十年代初才建成）：「盛夏之中，午後充滿遊人，游泳池裏人聲水聲不絕於耳，花亭裏談話聲和麻雀聲也是非常熱鬧。好靜息的仕女，可在附近或海邊清談，甚至賣舟小泛。尤其在夜裏，燈光炫誘，把近處和遠處織成一片悅人心目的景場。」

據資料顯示，原來石氏曾有意在園內興建數百間平價住宅，以紓緩那時香港的屋荒問題，看來荔枝園亦是一個地產項目。然而，可能大眾視荔枝園為消暑場所，是以踏入秋冬二季後，遊人數目銳減，「黃昏後尤顯清靜」。僅經營兩年，即於一九五〇年轉手予張軍光、蔣伯英等人主理。

靜靜的荔枝園

在這面山臨海的僻靜角落裡，建下了九龍唯一的公衆娛樂園所。往日盛夏之中，午後充滿遊人，游泳池裡人聲水聲不絕於耳，花亭裡談話聲和麻雀聲也是非常熱鬧。好靜息的仕女，可在附近或海邊清談，甚至賣舟小泛。尤其在夜裡，燈光炫誘，把近處和遠處織成一片悅人心目的景場。隨着季節的轉換，路人多已On絨衣冷衫。暑意已退，涼意漸來，這最適消夏的場所，已開始減少遊人，黃昏後尤顯清靜。我們不能否認這是九龍居民的唯一遊樂場所，但是我們希望能有更多更好更普及大衆化的遊樂場所出現。

這篇報道指出「暑意已退，涼意漸來，這最適消夏的場所，已開始減少遊人」，說明荔枝園以消暑場所定位，令它在寒冬時經營出現困難。（《工商日報》，1949年12月7日）

石鐘山小傳

石鐘山爵士（Chevalier Shak Chung Shan Stephen），籍貫廣東新會，於1901年在香港出生，家中有七兄弟姊妹，他排行第五。自小成長於天主教家庭，17歲已投身香港天主教作義務工作。他年青時就於天主教背景的聖若瑟書院及華仁書院任教體育，至二十年代初已擔任聖心英文中學校長。石鐘山在三十年代涉足電影業，曾經營「華藝影片公司」，創業作為《洞房雙屍案》（1934），其後也曾在電影粉墨登場。

石氏也曾進軍地產業，在荔枝角狗扒徑興建新式洋樓數十棟，取名「鐘山台」。戰後初年，即1947年，開辦「荔枝角酒店」，但開張不到一年即改變經營方針，有說是因為酒店淪為男女幽會之地，他表示「以免藏污納垢，而礙遊客之名譽」，所以斥資百多萬元，將酒店改建。

1948年5月，當年全港最大的遊樂場——荔枝園（Lai Chi Kok Amusement Park）正式開幕。但好景不常，荔枝園經營了兩年後即轉手給張軍光、蔣伯英等人主理。

石鐘山對香港天主教會貢獻良多，1953年1日8日，在聖德勒撒教堂，於數百位教友的見證下接受教宗庇護十二世（Pope Pius XII）賜封「聖西爾物斯德肋（St. Sylvester）勛爵」，由白英奇主教代表教宗頒授，為香港天主教徒中獲此殊榮的第一人。

石氏於1958年逝世。其女兒石文芳為紀念父親，在1997年創立「天主教石鐘山紀念小學」，延續其奉獻教育的精神。

1950

第二代荔園

基本資料

經營年份
一九五〇至六二年

面積
估計不多於三十萬平方尺

正門
正門向南移，位於路口當眼處及較開揚，設五個出入通道。

交通
有六條巴士線可直達。

第二代荔園正門，兩條平肩大柱是其標記，正面寫有荔園中英文名；旁邊的「荔園」二字大型招牌，沿用多年。（本圖摘自《香港》，高嶺梅編，1961年）

1962

全面翻新 遊樂總匯

一九五〇年遊樂場易主，由九龍娛樂公司主辦，新主人包括來自上海的富商張軍光先生、著名製片人蔣伯英先生，以及銅鑼灣豪華夜總會老闆溫先生。其中張軍光先生相信是大股東，任荔園董事長，蔣伯英則當遊樂場經理。

新人入主後，將「荔枝園」易名為「荔園遊樂場」，簡稱「荔園」，並進行全面革新——張氏等人一改石鐘山以體育運動為開創荔枝園的根本理念，轉為以大企業手法，銳意打造及經營一個現代化大規模娛樂場所。

此前，游泳池及各式水上設施是主要賣點，但每逢冬季即人流稀疏，針對這弊端，新園雖仍保留兩個游泳池、滾軸溜冰場、划艇等項目，卻增設多種新式娛樂設施，突破郊遊消暑的框框，目的就是讓遊客四季皆可到來玩樂。據報張氏等人耗資二百多萬元，費盡無數心血來實現改造。

翻新過後的第二代荔園，有甚麼樣的新式娛樂設施呢？首先是增設十餘種大型機動遊戲，如摩天輪等，以及二十餘種戶內新奇射擊遊戲，而革新重點之一，就是新增多個娛樂表演場地——包括可容千餘座的「露天電影場」（又稱「第一露天劇場」），以及專演粵劇、武術、魔術、歌唱、舞蹈及廣東雜耍的露天劇場（又稱「第二露天劇場」）；另有具「上海風味」的冷氣劇場，專演滑稽。不得不提的還有第二代荔園的地標建築——水上舞廳，其「裝璜奇瑰，建築別緻」，樂隊由遠東第一的洛平領班。另有山亭、湖邊品茗等。凡此種種，足見它跟初代荔枝園的消閒路線已截然不同。

1950 年 4 月，第一代荔枝園的營運相信已近尾聲，第二代主理人張軍光先生準備接手，銳意將荔園（注意園名「荔枝園」已被「荔園」取代，估計是張軍光的決定）由原先以游泳作主要賣點，改以水上舞廳、海鮮餐廳及機動遊戲為三大主打項目。手法以招商方式承包，如機動遊戲不收租費，改以分賬方式合作；商場鋪位以低廉月租作招徠，合作共營，便於管理。（上：《星島日報》，1950 年 4 月 24 日；下：《星島日報》，1950 年 4 月 29 日）

這份 1950 年 6 月的廣告，顯示剛易手的荔園全面革新，銳意打造成全方位的遊樂園。廣告文案寫有「獨步港九，游（遊）樂總匯」。（*Cinema Herald*，1950 年 6 月刊）

荔枝角
荔園
游泳池
慶度端午
特請幸運游泳隊全體隊員表演游泳術
隊長徐亨先生親自指導
明日下午五點半至六點半舉行
本園露天電影場水上舞廳商場冷氣劇場以及機器運動游戲各種射擊游戲之建築西餐廳海鮮餐館等工程已次第完成一俟佈署完畢即行陸續開放游泳池照常開放
每日上午八時至下午十一時止
歡迎參觀
張軍光 高嶺梅 先生
攝影展覽
地點：水上舞廳
國際攝影公司特派攝影專家在場服務

①

荔枝角
荔園今天起全部開放
巴士6路12路直達
港九獨步
水上舞廳 前所未見
外型如航空母艦·內部則璀璨玉琢
重金請名喧中外
洛平樂隊
SAMSON LOBING & JIMMY KING
暨傑美金及洛平全班每晚伴奏
舞廳仿珠泉噴射銀光萬丈
湖面上碰碰船頃刻千里
兩岸燈光，如入不夜之城
幾處劇場，演出人間百戲

十大游戲包括光學電學機械學
二十餘種射擊游戲輕易而興奮
今日各電影劇場一律免費參觀
今晚起大放東莞花烟三天
黃花林烟廠精選藝
包羅萬象
滑稽劇場
露天劇場
鄧國慶舞藝團
露天電影
洛水神仙

②

① 廣告刊於1950年端午前夕，正是張軍光接手不久後的時間，翻新工程仍在進行中，所以上寫「工程已次第完成，一俟佈署完畢即行陸續開放」。這廣告也標示「荔枝園」正式易名為「荔園」。

張軍光等人接手荔園後，大事改革，將樂園的定位由水上玩樂及郊區消閒，轉變成多姿多彩的遊樂場所，其中增設露天表演場地，請來不同表演團體作定期表演，也上映二輪電影，節目豐富，能招徠更多客源；水上舞廳作為地標也是廣告宣傳重點之一，另有各種「機器運動遊戲」（即機動遊戲），都成為吸引遊客的嶄新賣點。（《星島晚報》，1950年6月18日）

② 廣告把着眼點放在荔園「港九獨步」的水上舞廳，又強調重金禮聘名喧中外的洛平樂隊坐陣。此外，園內加插光學、電學及機械學等十大遊戲，並有易玩刺激的多種射擊玩意，還有劇場、電影、煙花等，玩意包羅萬象，不勝枚舉。（《星島日報》，1950年7月1日）

③ 圖中記載荔園開放當日在水上舞廳招待記者、各界以及衣香鬢影的場面，熱鬧非常。（《星島日報》，1950 年 7 月 1 日）

④ 刊於五十年代的荔園報道：〈略言荔園萬象〉，記下了荔園開幕早期的情況，以至拍下了部分設施的相片，可見有些工程仍在進行中。（*Cinema Herald*，1950 年 6 月刊）

荔園遊樂場
今日起開放

（本報專訊）九龍荔枝角荔園遊樂場，定今日起全部開放，下午八時即舉行園遊會，事前已柬請各界參加，並於昨（卅）晚在水上舞廳舉行記者招待會，到各報記者數十人，當場有上海著名之露炳樂隊演奏，查該舞廳係建在水池中央，爲本港別開生命之創舉云。

荔園主人昨在水上舞廳中招待記者。

③

Bazaar 商池　　The Gate 大門　　Floating Ballroom 水上舞廳

The Snmmer Season Is Here Again!

Come to enjoy yourselves in the coolest and the most comfortable place in Kowloon. Bring the family, and let them spend the day in beautiful surroundings, with all facilities provided.

LAI CHI KOK AMUSEMENT PARK

NEW THRILLING RIDES, SWIMMING POOL, FLOATING BAALROOM, SKATING, OPEN-AIR CINEMAS, VARIETY SHOW, ILLUSION SHOW, SCOOTER BOATS, FUN HOUSES, CHINESE AND EUROPEAN FOOD, AND ALL SORTS OF OTER GAMES.

略言荔園萬象

—華毅—

九龍荔枝角荔園，向以游泳設備完美聞，建有公衆池特別池各一，皆附有淋浴及更衣室，二池可容千餘人，並各有淺水小池，俾初泳者學習之用，每當夏令，往泳者日有數千人，今春該園由九龍娛樂公司主辦，改爲游樂花園，原有大門，改建樓屋式、作爲中菜館，門移向南端，爲一立體式之五個出入門，門外觀極其雄偉，入門容曠上爲三種巨型機器運動（見上頁圖面說明）二旁及向外之一面，盡爲商場及戶內射擊遊戲，多二十餘種，北角海邊上之怪屋與周游世界，係一種利用機械推動，使游者不能控制的恐怖游戲，八陣圖，紅粉骷髏，今古奇觀，則爲光學上之變化不同，遊者入其屋，於鏡中觀容，捧腹大笑，諸上之碰碰船，爲一種最新型之小電扒，每船可容二人，易於駕駛，如在海上。繞行一周，則水上舞廳中之[illegible]，衣香鬢影，可以飽覽無餘，[illegible]築奇巧而悅目，外型似航空母艦，牆包以銀鋁，全園電炬反映其上，明耀[illegible]，置身仙域，[illegible]之百樂門，聘有遠東聞名之洛平樂隊，鼓鈸鏘鏘，新大陸之爵士，尚嘆弗如，從此港九舞迷，得其所矣。

從水上舞廳越渡橋向北，有涼亭十數，立於湖邊，可以容膝品茗，或集伴竹戲，向西爲公衆游泳池，周圍面積約百米，浩瀚[illegible]，洵爲泳者之理想水國，其傍爲冷氣劇場，內陳百戲，皆足解頤，其後爲山，拾級而上，抵一竹廳，[illegible]詩文集，留有詩謎游戲，爲文人雅士之賞心樂事，如懸燈索詩，放目四矚，則全園景色，盡在眼底，向東則爲溜冰場，及特別游泳池，此池較公衆池爲小，但亦附淺水池，故長者攜兒女聯同泳，[illegible]在此小池拍水取樂，池傍更衣室屋[illegible]，可飲冰觀泳，[illegible]椅桌之屬，便泳者憩息，亦[illegible]荔園景色，概述上，總[illegible]，游荔園者[illegible]留連忘返之感，謂予不信，[illegible]始知余言之不謬。

Dairy Farm Restaurant 牛奶公司　　Kiosks 凉亭　　Swimming Pool 游泳場　　Skating 溜冰場

— 43 —

④

第二代荔園正門的位置，較第一代荔園正門稍為南移，更為當眼，此舉也可騰出園內更多空間。其設計特色是頂部左右分立一扁平柱體，上面有巨型「荔園」的中英文名字，顯眼非常。出入口也改成一排共五個，更能疏導人流。

這圖片是從園內方向拍攝的，正門上方掛起了燈飾字句，依稀可辨識為「東華三院八十週年紀念」。

① 在 1951 年 5 月的《掃蕩晚報》，就有一則為慶祝東華三院八十週年紀念，假荔園舉辦慈善遊藝大會的廣告，相信這照片就在該時段拍攝，即第二代荔園開業不久。(《掃蕩晚報》，1951 年 5 月 21 日)

② 東華三院因八十週年紀念，於 1951 年在荔園和月園舉行慈善遊藝大會。這份文物乃東華三院為夏漢雄健身學院送贈的謝狀，感謝夏漢雄及其學院對東華三院是次慈善遊藝大會作出貢獻。夏漢雄是夏國璋的父親，後者為當今香港著名的國術師傅。

③ 這相片攝於第二代荔園正門前，正門上方裝飾了「籌建東華醫院兩翼十層大廈暨新校舍」的字眼。據悉戰後因香港人口急劇增加，對醫療服務有更大需求，東華醫院因此有擴建和增加病床的打算，1953 年東華董事局決議重建東華醫院兩翼新廈。同一年，董事局也希望興建校舍，是以舉行多項籌款活動，「慈善遊藝大會」正是其中一項。相信這照片是攝於 1953 年，門前的是東華的董事局成員或總理。(《陳存仁博士華誕七十》，香港：蘇浙旅港同鄉會，1978 年)

①

②

東華三院八十週年紀念

THE 80TH ANNIVERSARY OF
THE TUNG WAH GROUP OF HOSPITALS

謝狀

東華三院自創設至今歷時八十週年本董事局以擴充病房增設義學為紀念迭在荔園月園舉辦慈善游藝大會及各界陸續協助籌款建設黌
夏漢雄先生熱心贊助成績優異至深銘感特題數言申謝永誌弗諼

③

① 正門上方清楚寫上「六週年紀念」的字句，以及掛上喜慶的裝飾；此等佈置是第二代荔園以來，一直慣常用作宣傳特定時節或特備節目的方法。

若是以第二代荔園開幕日子（1950 年）作為誌慶起點，則本照片可推斷為攝於 1956 年。

② 攝於第二代荔園正門側，推斷拍攝時間為五十年代初，可見門外部分地面仍舊泥濘處處，有待修築；父子身後的大型「荔園」招牌（以及招牌上方的盾牌），一直沿用至九十年代，是不少人的集體回憶。

③

④

③ 入夜後的荔園正門，亮起霓虹光管，清晰而迷人。

④ 從圖中遊人的衣着及舉止，可窺見那個年代進園遊玩的除了是普羅大眾，也有中上階層，足見荔園的遊客對象已大為擴闊。

水上舞廳

提到第二代荔園的新建設施，不得不介紹裝潢奇瑰、建築別緻的水上舞廳。這是建在人工湖上的舞池，外表看起來銀光閃閃，充滿前衛感覺，像是一艘航空母艦。水上舞廳是繞着之前位於湖中央的湖心亭而建，它將亭樓完全包圍在內，正式取代它，成為了荔園的新地標。其設備豪華，在一九五三年印製的荔園記事簿中形容：「瑰麗的環境、興奮的樂隊、精緻的餚饌、週到的招待、理想的享受、港九最高尚的夜總會。」

舞廳有駐場樂隊，園主請了遠東第一，由洛平領班的馬尼拉樂隊來伴奏。舞池放上夜總會形式的枱櫈，可容納二百對男女。這部分的娛樂設施，應是新主人之一，豪華夜總會的溫老闆主理。

及至一九五八年，第二代荔園進行新一輪翻新工程，水上舞廳四周湖水被抽乾，以增加陸地面積，增進更多遊樂設施，水上舞廳遂變成「陸上」舞廳，並改稱「荔園舞廳」。據資料顯示，該舞廳至一九六九年仍然繼續運作。推斷湖心亭一直默默守在舞廳內，直至舞廳拆卸。

①

LAI CHI KOK BALLROOM
KOWLOON
荔園水上舞廳
地點：九龍荔枝角
電話：59172
『東尼』菲律賓大樂隊名曲演奏
TONY TUBINO
裝璜華貴 環境幽雅 七彩燈光 座位安適 置身此間 如入仙境

②

① 從不同資料顯示，水上舞廳（Eagle Ballroom）早於1950年6月已經開始運作，這份廣告只說明該舞廳的正式開幕日期為1951年12月21日。（《南華早報》，1951年12月21日）

② 1951年4月一本雜誌廣告，將水上舞廳的英文名稱譯作「Lai Chi Kok Ballroom」，跟1951年12月21日《南華早報》廣告所寫的「Eagle Ballroom」，同為第二代荔園的船型舞廳，只是採用了不同的英文寫法。廣告中的東尼菲律賓大樂隊名曲演奏相信為水上舞廳的宣傳賣點。左下角提供優待券吸引讀者進園。

③

③ 圖中為水上舞廳的「船頭」，進廳者可循湖邊左右兩邊的連接通道入內。水上舞廳的建造，是配合第二代荔園增強娛樂元素的經營方針，事實上這舞廳足可容納數百人，適合舉行大型歌舞活動，較僅作觀光之用的湖心亭，自然更有可為。

④ 圖中的男士在湖邊休憩，背景左面是水上舞廳的「船頭」，而右面正是由牛奶公司主理的西餐廳建築物及涼亭。

④

⑤

⑤ 從另一角度看水上舞廳的「船尾」。整個舞廳外表彷彿鋪了一層薄薄的銀箔，今日看來像有點超現實的味道；相信以當時的有限條件和技術，已是豪裝了。留意湖上的船艇，可搭乘二人，是為「碰碰船」，是當時一種最新型的「小電扒」，易於駕駛。

⑥ 若說湖心亭是第一代荔園的標記，第二代的就非這隻人稱「航空母艦」的水上舞廳莫屬！這水上舞廳外層銀光閃閃，置於水上，恍如航空母艦般，是第二代荔園的地標建築。

水上舞廳其實是圍繞着湖心亭而建，將湖心亭完完全全包圍起來，亭子就這樣默默地守在「船尾」。

圖中可見遊人仍可在湖中划艇，曳搖共對輕舟飄，真是賞心樂事。

⑥

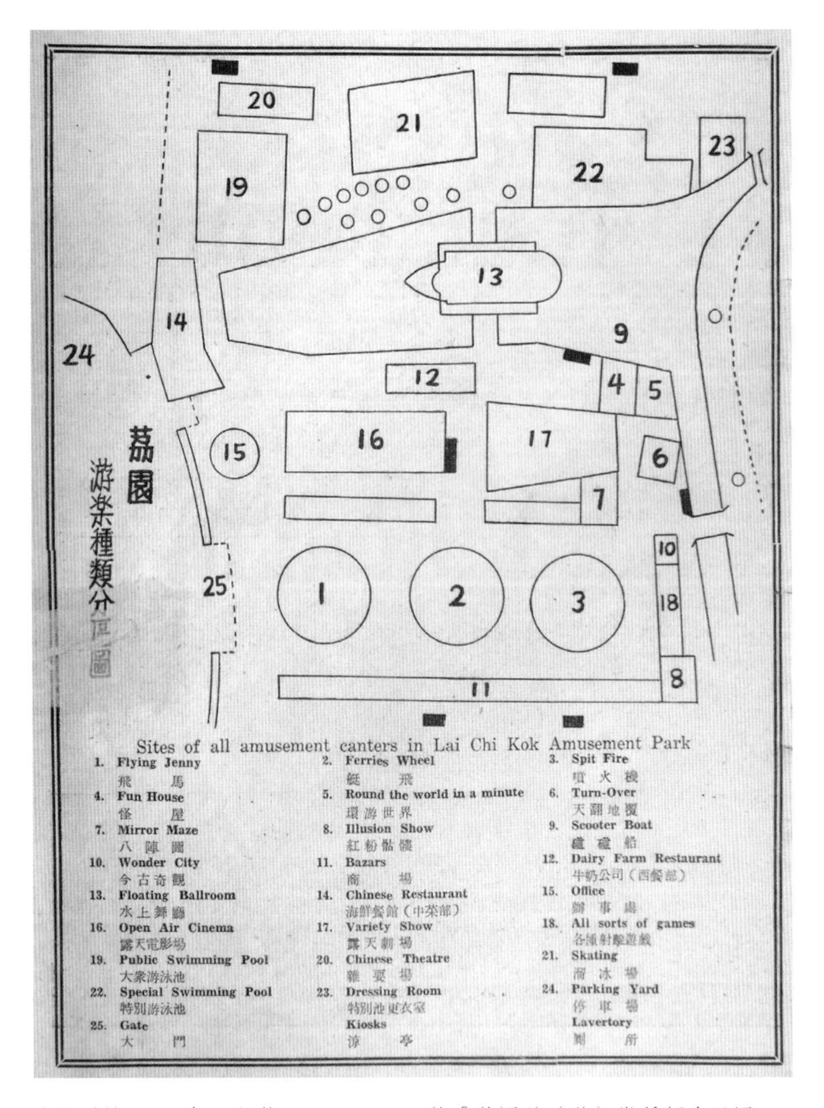

這張刊於1950年6月份*Cinema Herald*的「荔園游（遊）樂種類分區圖」，可說是第二代荔園最早期的平面圖，從時間上推斷，這甚至是荔園仍未正式全面開放，還在改建階段的「草圖」。

儘管是「草圖」，但格局大致已定，讀者可以此草圖對比俯瞰圖，可見正門（25）已較第一代荔枝園向外移，騰出更多園內的遊玩空間。甫進園內，就是一些大型機動遊戲，包括飛馬（1）、飛艇（2）及噴火機（3）。商場（11）及射擊遊戲（18）就在圍着機動遊戲的平房中。至於露天電影場（16，播放二輪電影）和大型露天劇場（17，多上演粵劇等）佔去園中大幅地段，座椅密密麻麻的置於當中。第二代荔園的標記建築物水上舞廳（13），置於湖中，覆蓋了此前的湖心亭。毗鄰水上舞廳的，就是兩個游泳池（19及22）。

這張第二代荔園的俯瞰圖，提供了相當多的荔園資訊，十分珍貴。首先「地標」水上舞廳仍在興建中，還未封頂，所以推斷這照片是攝於1950年，在張軍光接手荔園不久後，翻新工程仍在進行中；若特寫水上舞廳的「船尾」位置（小圈），可窺見湖心亭的頂部，這說明了在湖中興建水上舞廳之時，並沒有將湖心亭拆去，而是「繞亭而建」── 亭子只不過靜靜的躲藏在「船尾」吧！

① 水上舞廳在 1952 年的除夕夜及 1953 年的元旦日，接連舉行化裝舞會，贈送名貴禮品，並有精彩新節目，可見第二代荔園早期對水上舞廳投放很多心思和資源。這則廣告亦顯示，第二代荔園在早期已引進一些成人導向節目，廣告中的「彩鳳歌舞團」，寫有「惹火」二字，足見屬豔舞團體。(《華僑日報》，1952 年 12 月 30 日)

② 來到 1953 年 1 月的廣告，顯示荔園仍然節目豐富，廣告主打水上舞廳，說是「高尚夜總會」、「宴舞好地方」，而且「環境情調最好」、「音樂西菜頂靚」，更請來樂隊「平尼蘭根」在現場伴奏。

廣告中也顯示了其多樣的娛樂節目，計有電影、平劇、粵劇、歌舞、潮劇、申曲、滑稽、游泳、溜冰等，多姿多彩。此外更標示「新闢動物園陳列名貴奇異野獸」。(《中華新曆日用手冊》，東方出版廣告公司，1953 年 1 月)

③ 這相片來自 1953 年荔園印製的記事簿，裏面記錄了水上舞廳內先生小姐們載歌載舞，沉醉在一年一度新年除夕狂歡舞會中的影像。儘管影像粗糙，但在個人藏品中卻是唯一一件記錄了舞廳內部的情景，十分珍貴。

④ 兩份荔園廣告同為 1958 年，卻可見到舞廳的變化。在 3 月 25 日《中聲晚報》的廣告中（右），底部仍可見「水上舞廳」四字，但在 11 月 28 日《香港時報》的廣告中（左），已易名為「荔園舞廳」。相信水上舞廳四周湖水被抽乾而改為陸上舞廳的時間，是介乎 1958 年 3 月至 11 月之間，極可能是在夏季過去後開始工程。

①

②

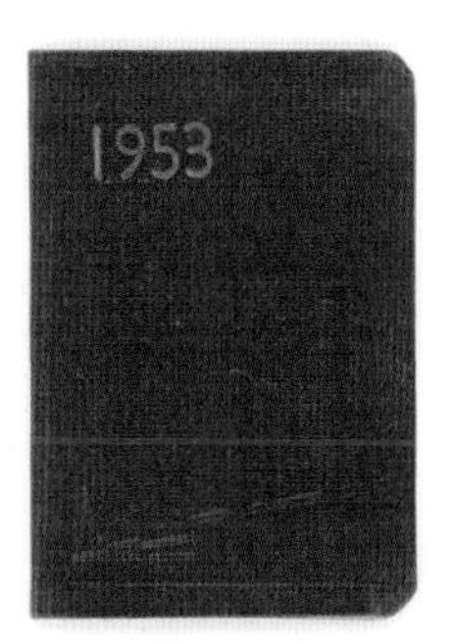

③

荔園
門票六毫
小童三毫半
六號、六號B、六號C、六號D、二十號
直達巴士六號B、二十號
動物園 開放
新奇動物，不斷增加，免費參觀！
第一劇場．外國電影 六點半．九點半
怒海閃電戰
△八點正映▽
勇戰黑額虎
（免費）
第四劇場．粵語電影 六點半．九點半
黃飛鴻長堤殲霸
△八點正映▽
香車美人
（免費）
第二劇場 荔聲粵劇團 夜機春驚 盜御香 後座免費
第六劇場：南北滑稽 △雜技▽ △越劇▽ 唐僧取經下本 全部免費
◁荔園舞廳▷
每晚八時至十二時半
茶資一元一毫

④

荔園
六號、六號B、六號C、十二號、十二號B
◁本園直達巴士五號▷
冶豔緊張浪漫奇情巨片
古堡藏妖
李察卡路遜主演
八點正 九點九 免費
奇鬧滑稽歐唱粵語巨片
呆佬遇鬼
梁醒波主演
八點正 九點九 免費
第五劇場 模特兒表演
水晶銅台 目迷五色
八點 九點 十點
一元七 一元二 六毫
荔聲粵劇團
夜戲八點
雷劈好心人
後座免費 前座六毫
機動遊戲 老少咸宜 趣味濃厚
兒童卡通樂園
七彩立體卡通
教育娛樂合一
免費
溜冰場
乒乓球
水上舞廳
每晚八時至十二時半 茶資一元一毫

①

① 1958 年水上舞廳四周湖水抽乾，以增加陸地面積。水沒有了，所以索性改名「荔園舞廳」。圖中舞廳「船頭」位置，其地基已是清晰可見。

② 這相片的拍攝位置也是在水上舞廳「船頭」附近，但依稀可見「船頭」前方已沒見湖水，相信這照片是在抽乾湖水後，改稱「荔園舞廳」時所攝，推斷為五十年代末六十年代初。留意圖中母女正打算購買爆谷 —— 爆谷不算便宜，一大袋的話要花上五毛錢。（六十年代初荔園的入場費為六毫）

③ 1969 年 1 月 19 日，《好報夜報》以「警方在荔園大捕飛女」作頭條，報道指出「日前曾有五名飛女在荔園舞廳的女廁內打架」，並指警方在 1 月 18 日前往荔園舞廳帶走多人返警署問話。筆者所關心的，是這報道說明了水上舞廳（荔園舞廳）至 1969 年 1 月仍如常運作。

筆者手頭所得的資料，自 1970 年或以後的文字記載或宣傳廣告，都未有提及荔園舞廳的消息，故此大膽推斷，該舞廳於七十年代初已停止經營，甚或拆卸改建。

②

警方在荔園大捕飛女

好報狗經好胆照買照跟包你贏錢

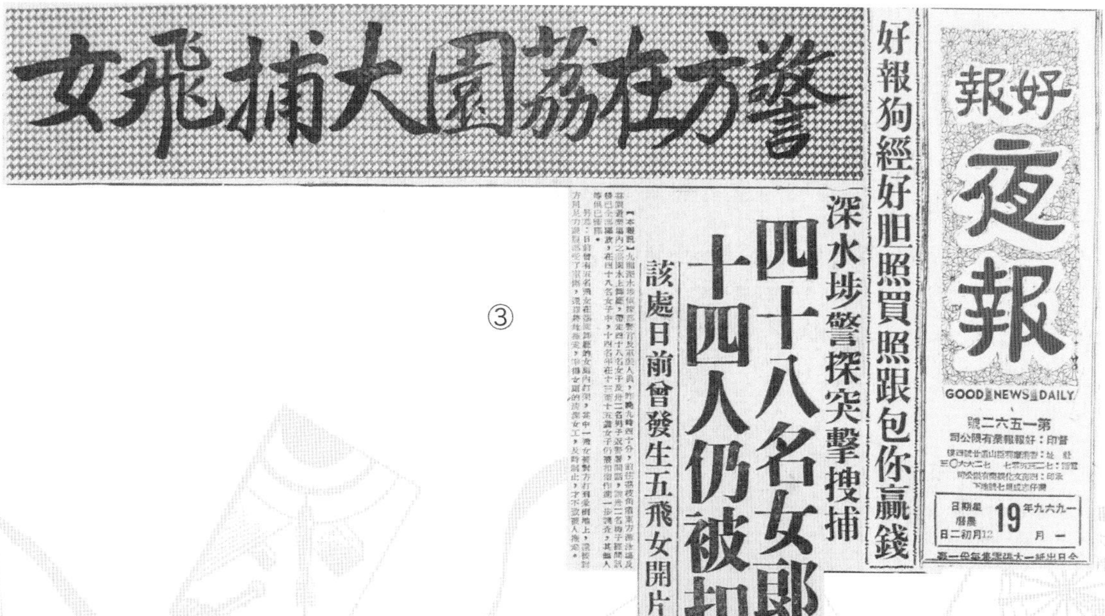

好報 夜報

GOOD NEWS DAILY

第一五六二號

督印：好報報業有限公司

一九六九年一月19日 星期日 農曆12月初二日

深水埗警探突擊搜捕

四十八名女郎 十四人仍被扣

該處日前曾發生五飛女開片事

③

聲色娛樂

荔園新主人之一蔣伯英具有經營電影娛樂事業的背景（詳見章末〈張軍光及蔣伯英小傳〉），而荔園重點革新項目正是增設不同的娛樂表演場所，當中佔據樂園中央大幅土地的「露天電影場」，可容千餘座，裝有美國製最先進的放映機，據報其聲、光和頭輪戲院無異，選映影片都經嚴格審選，雅俗共賞。

毗連露天電影場的，有另一個可容納千名觀眾的巨型露天劇場，長期上演各種方言劇，例如粵劇，「廣請名伶，服飾配景都經精工督造，演出富麗。」其他如上海滑稽、時代歌舞、魔術表演，分門別類經常在各冷氣劇場上演不輟，一日數場，隨時入座。

① 這廣告顯示了第二代荔園開業初期的重點宣傳項目——劇場表演和電影播放，其中露天劇場分為「第一露天劇場」及「第二露天劇場」，分別上演粵劇，以及請來鄧國慶技術團表演雜耍；估計「第二露天劇場」即露天電影院，因電影集中在晚上時段播放，故日間用作表演其他項目。廣告中的露天電影為和路達披真主演的《懷春曲》（*Holiday in Mexico*, 1946）。此外，水上舞廳也已正式營業，下午設有茶舞時段。（《華僑日報》，1950 年 9 月 16 日，廖信光提供）

② 每晚上演二輪電影的露天電影院。相片攝於 1950 年。

③ 據稱可容納近千觀眾的巨型露天劇場。相片攝於 1950 年。

①

九龍荔枝角

荔園

尖沙咀六路佐敦道十二路巴士直達

門票每人六毫贈券照常通用准晚入時開演各場一律免費

第一露天劇場今晚排演偉大言情粵

三月杜鵑魂

•荔園粵劇團全體佬官落力演出•

②

③

第二露天劇場

鄧國慶技術團

大力士 王忠華 王忠英 表演硬工

武術家 李超明 表演輕工

力蹬花缸 空中上椅

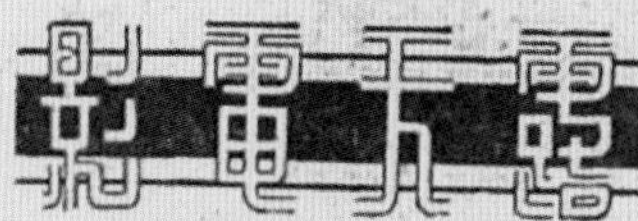

今晚八時起連映兩場

米高梅七彩歌舞愛情鉅片

懷曲

和路達拔眞·珍寶維露主演

小劇場

綠野歌舞團

今晚特別上演

粵語歌舞愛情劇

貴族千金

水上舞廳

七彩燈光 瑰麗堂皇 洛平樂隊 全班伴奏

明天下午四時茶舞

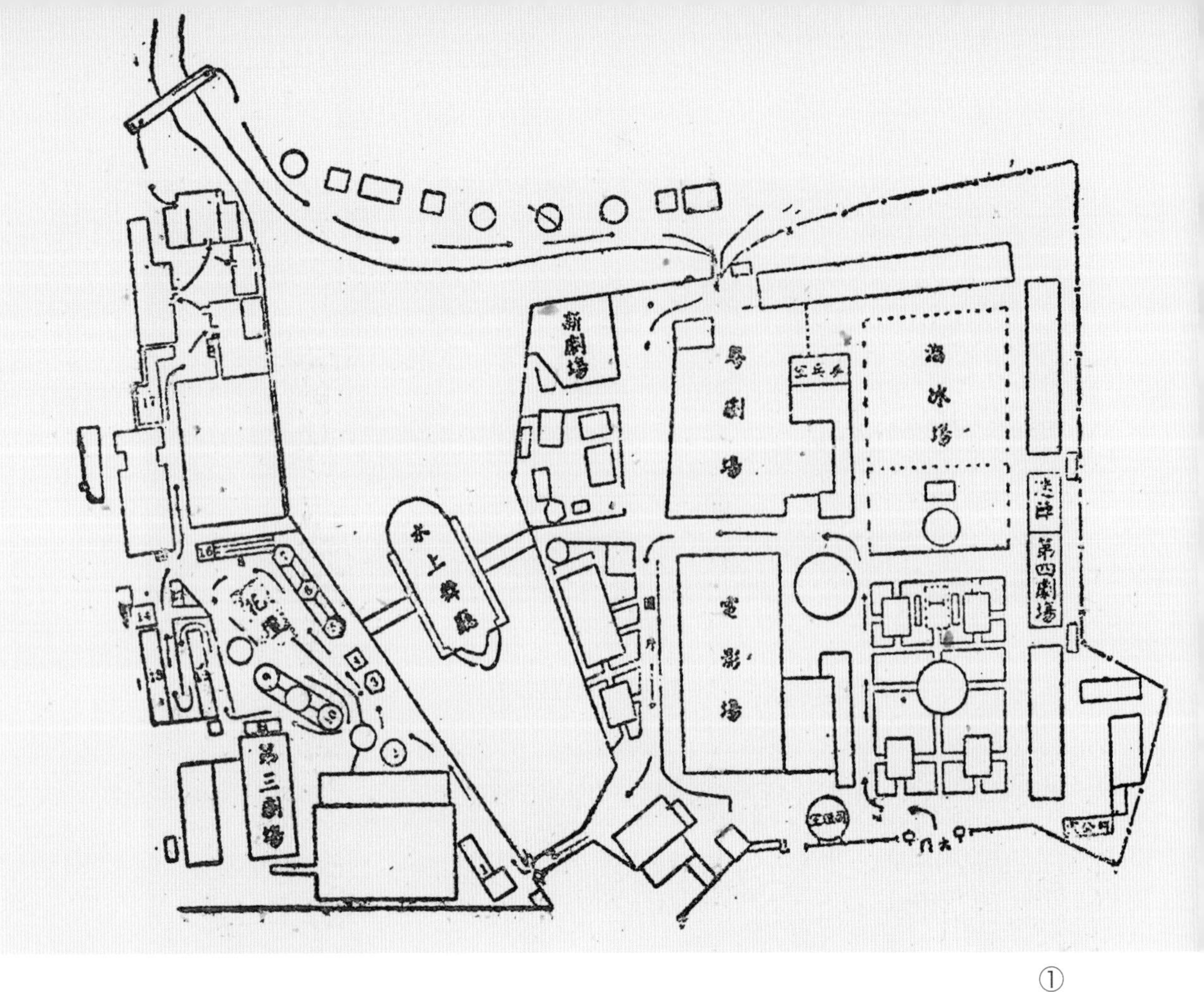

①

②

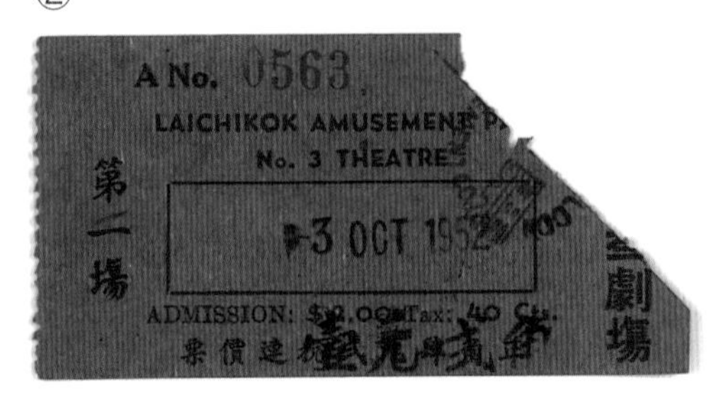

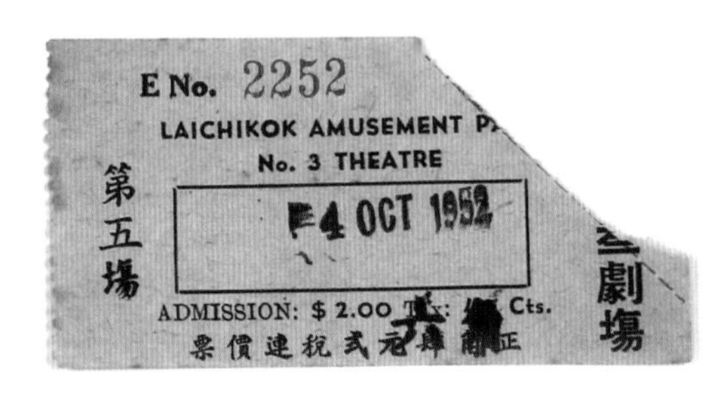

① 圖為 1954 年的荔園平面圖，上面的佈局跟前頁的「草圖」佈局大致相同，但描繪得更細緻。其中某些地標如「水上舞廳」、「電影場」（即露天電影場）、「粵劇場」（即露天劇場）以至「溜冰場」均有清楚顯示，留意這平面圖還標示了「第三劇場」及「第四劇場」，分別置於左下方及右邊，這是一個重要線索，說明第二代荔園在五十年代中期已清楚地用數字劃分不同表演場地。留意粵劇場左方有一個「新劇場」，這個很可能就是後來的「第五劇場」。（《新界概覽》，1954 年 3 月）

② 兩張 1952 年第三劇場的票根，兩種票價分別為前座（一元二角）及後座（六角）。第三劇場的節目多屬艷舞表演，這在日後的廣告中可以佐證。

九龍荔枝角
荔園
門票六毫 小童三毫半
六號、六號B、六號C、六號D、十二號
十二號B、共六線巴士日夜直達門口

動物園 珍禽異獸 水陸奇畜 免費參觀

第一劇場外國電影 八點正映 俠盜槍戰緊張巨片 鐵馬長征 七彩 史泰靈希頓主演

第四劇場粵語電影 八點正映 哀艷警世文藝巨片 慾海遺恨 張瑛・白燕主演

・全・部・免・費・

九點映 俠盜戰爭緊張巨片 血戰班丹島 羅拔泰萊主演

九點映 艷趣滑稽歌唱巨片 張天師遇鬼迷 梁醒波鄧碧雲主演

第二劇場 荔聲粵劇團 夜戲八點正 明末遺恨 前座六毫 後座免費

第五劇場 ・八點開王場・ 南北滑稽 音樂歌唱 方言話劇：呆中福 後座免費・前座六毫

第三劇場 色舞 八點三 九點三 十點三 一元七 一元二 六毫

第六劇場 魔術表演 八點正（免費）

麗的電視 五點正 七點半（免費）

兒童園地 免費服務

溜冰場 寬敞爽滑

荔園舞廳 每晚八時至十二時半 茶資一元一毫

機動遊戲 老少咸宜

乒乓球 設備週全

③ 第二代荔園有多個表演場地，但在報章廣告上清楚地以數目劃分不同劇場的，可能要待營運至五十年代中才開始，這或許與荔園也在不斷變化有關。圖中的報章廣告刊於 1959 年 5 月，清楚表明第一至第六劇場，各自分別上演不同節目。

圖中顯示第一和第二劇場分別是播放電影和上演粵劇的場地，相信它們就是五十年代初建成的露天電影場和露天劇場。至於第五劇場安排不同歌唱或滑稽表演，並設前後座收費。第三劇場則是表演艷舞的成人場地，且一日會上演多場。(《星島晚報》，1959 年 5 月 5 日)

④ 荔園第三劇場及第五劇場都是要收費的，且分前後座。圖中為 1957 及 1961 年的第三劇場入場票根，可見價目分為六角和一元二角，推斷分別為後座及前座票根。結合報章廣告中的第三劇場內容，相信這是艷舞門票。

④

六十年代荔園劇場的劃分已開始成形，而廣受遊人歡迎的粵劇通常被安排在第二劇場（即露天劇場）演出。（本圖摘自《香港》，高嶺梅編，1961 年）

《兒童樂園》乃當年頗受大眾歡迎的兒童課外讀物。這期利用書中一個對頁介紹荔園，劇場式的「大戲」（即粵劇）放在版面顯眼位置，可見六十年代第二劇場的粵劇受到大人細路喜愛。（《兒童樂園》194 期，1961 年 2 月）

一張 1957 年的第五劇場票根，有可能是模特兒表演的門票，在 1958 年的廣告中，就寫明第五劇場上演模特兒表演（見本書 43 頁圖 4）。荔園於 1957 年印製該年 8 月份的電影日曆（圖 2），日曆左面的「遊藝節目」欄上，亦正好顯示成人節目「艷舞」及「模特兒表演」。然而，由於第五劇場也會上演其他節目，所以只能作為猜測。

②

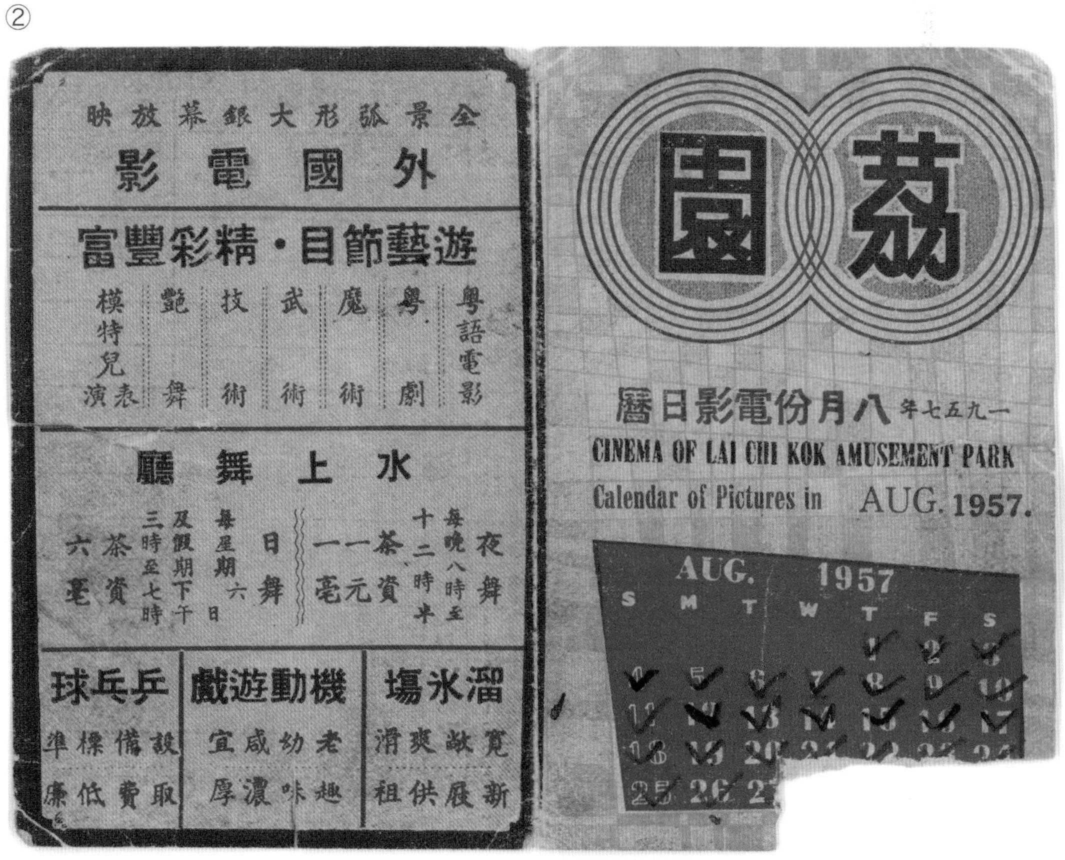

遊樂設施

第二代荔園的另一項大革新，是從美國引進多種新式大型機動遊戲。甫踏進荔園正門，就會看見「飛馬」、「飛艇」（即摩天輪）和「噴火機」等機動遊戲，其刺激好玩，深受小朋友和年青人的喜愛，好些機動遊戲的款式歷久常新，不少相類的玩意一直延續至九十年代的荔園。

大型機動遊戲旁邊的數列平房，是不同種類的戶內射擊遊戲場所，多達二十餘種（這應是後來各式攤位遊戲的雛形）。此外，亦有多項有趣及具特色的設施，包括：「怪屋」及「周遊世界」，據報這兩項屬於一種「利用機械推動，使遊覽者不能控制的恐怖遊戲」，另有「八陣圖」、「紅粉骷髏」及「今古奇觀」，據稱這三項是利用光學上的不同變化，教遊人進入內裏後，產生驚疑效果，繼而捧腹大笑。因缺乏相關圖片，讀者只能意會其玩法了。

兒童遊樂設施方面，在五十年代的十年間，經歷不同階段的改變；據報章廣告顯示，第二代荔園應在一九五三年左右增設「玩具世界」，報稱「深具教育意義」，並設有廣九火車、動物花園和活龍活現的戰爭場面，顯然是以小朋友為對象而設。

①

抖暑期內無戲一身輕昨晚攜三子作戶外活動去！

新馬仔荔園樂天倫

分到各個攤位參觀新馬教子練機槍和擲階磚遊戲

明燈日報

新馬師曾昨與幾位兒子到荔園遊玩，在機關槍的攤位教他們學槍法

這個節目很滑稽，新馬也笑了

新馬在幻術攤位看表演

新馬教孩子們玩機關槍的各種動作

新馬教他們瞄準發射

新馬自己也興之所至，提槍就射

②

③

① 圖左至右分別是三種從美國引進的大型機動遊戲，分別為「飛馬」(即旋轉木馬)、「飛艇」(即後來的摩天輪)及「噴火機」(見圖3右下角)，都是第二代荔園開業不久的遊戲設施。圖片攝於1950年。

② 1960年的《明燈日報》，以「新馬仔荔園樂天倫」為頭條，刊登了他多張在園內玩射擊攤位遊戲以及擲階磚遊戲的照片。(《明燈日報》，1960年9月8日)

③ 從這份第二代荔園的早年廣告，足以窺見「噴火機」的具體模樣，是一種緊張刺激的空中旋轉機動遊戲。(《麗池花園三週年紀念特刊》，1950年9月5日)

這「玩具世界」在五十年代中後期的廣告已不見蹤影，至一九五八年初，荔園廣告上赫然出現了標榜寓教育於娛樂的「兒童卡通樂園」，廣告標明「全部立體七彩卡通，是兒童夢想的現實」。來到一九五九年，「兒童卡通樂園」正名為「兒童園地」，據當年一則廣告顯示，這兒童園地屬於免費服務，內有圖書閱覽、立體電影、運動器具和各種棋類。

同一年的《中國電影》書刊，內頁有第五屆亞洲電影最佳童星獎得主，中國童星張小燕到訪荔園的報道，其中一張相片正正攝於「兒童園地」門前；另有多張小型機動遊戲的圖片，如小飛馬、小汽車、小汽艇等，但見九歲的她坐在這些機動遊戲裏，已顯擠迫，甚為勉強，顯見這些機動遊戲是服務幼童為主的。

這個「兒童園地」位處荔園哪個位置呢？據一九六一年一份荔園平面圖，它就在荔園舞廳（即前水上舞廳）的「船頭」前方。上文提及，一九五八年荔園將人工湖的水抽乾，以騰出大片陸地，供增建遊樂設施之用，「兒童園地」首現於一九五九年的報章廣告，時間上正好吻合園內的大型翻新工程，可視為第二代荔園後期新開發的設施之一。

第二代飛馬（「飛馬」即第三代的旋轉木馬）的造型較為平實和簡潔。然而，當年的小孩能進園一遊，騎上它搖晃及轉圈，已經興奮不已。（《家庭生活》263 期，1958 年 6 月 20 日）

① 除了照顧成年人遊客的娛樂，荔園也主力開發家庭市場，專為孩童而設，富有教育意義的「玩具世界」成為賣點，設有廣九火車、動物花園及生動的現代戰爭場面。

同一廣告下方，見有「巴西歌舞團」表演——從「懷春熱舞」四字推斷那是香艷歌舞團體。可見第二代荔園的遊玩項目非常多元化。(《星島晚報》，1953 年 1 月 15 日)

② 1958 年初的荔園廣告上，赫然出現「兒童卡通樂園」的字眼，聲稱寓教育於娛樂。(《中聲晚報》，1958 年 1 月 16 日)

③ 十週年紀念的荔園廣告，留意下方有「兒童園地」的介紹。(報章廣告，1960 年 7 月)

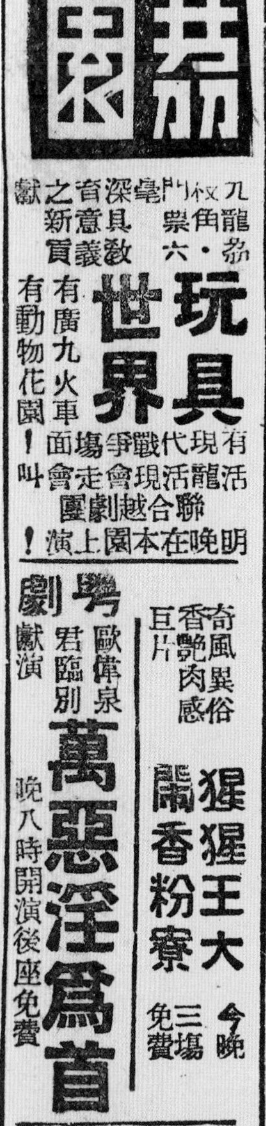

①

②

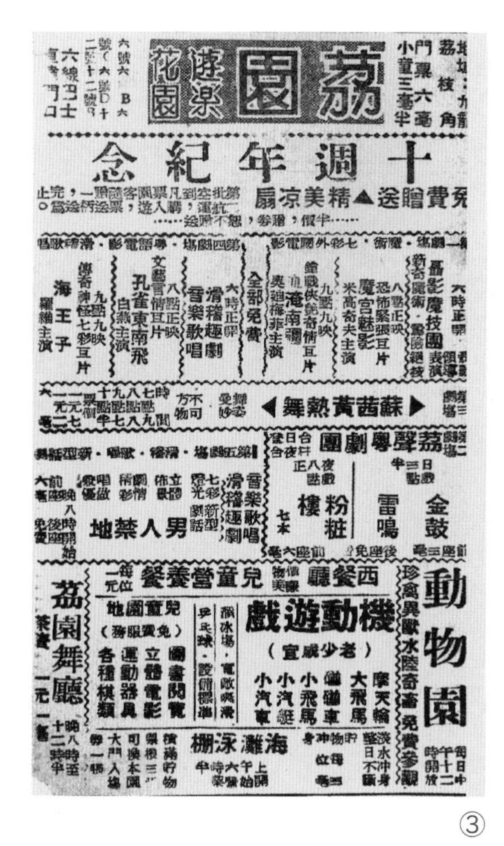

③

張小燕大鬧荔園

本刊記者

在木馬上大叫「媽咪，看我的馬兒多帥！」

中國的天才童星張小燕，自從得了第五屆亞洲影展的最佳童星金禾獎之後，她的名字，已經成了海內外影迷的小偶像了。

香港電懋公司，特地把她邀來，與葛蘭合演一部「姊妹花」，此片不日即將開鏡。一般預料，她的演出成績，一定是可以符合觀衆的理想。因爲，這孩子的確是得天獨厚的小藝人哩。

她從小就愛好舞蹈，只要看了別人的舞蹈表演，回家一定百般模仿，蹦蹦跳跳地鬧個不休。她父母發現她對此道俱有濃厚的興趣，於是，在她五歲那一年，就把她投拜在台灣民族舞蹈家李淑芬門下，學習舞蹈。既經名師指導，自然進步很快，現在她可以表演的舞蹈多得很，什麼西班牙舞呀，土風舞呀、芭蕾舞呀，樣樣精通，其中尤以芭蕾舞擅長，在台灣，都知道張小燕是小芭蕾舞蹈專家。

她是中央電影公司的基本演員，最早參加的一部片子，是周曼華主演的「聖女媽祖傳」，後來又參加港台合作的「關山行」。第五屆亞洲影展，台方參加競選的片子是「歸來」，她在該片中，飾演要角，榮獲最佳童星金禾獎。因此，中電繼續拍攝「苦女尋親記」，由她獨挑大樑。

這次應電懋片約來港，招待新聞文化界那一天，記者們紛紛提出問題，她都能很圓滿的答覆，在座的人，莫不異口同聲讚她是個絕子尋常的聰明孩子。

記者打算爲她拍一套來港後的生活照，可是，我知道她的小孩子牛勁很不易對付，凡是導過她的戲的導演都說，張小燕的小孩蹩扭性情不好惹，她高興演戲時，一定演來絲絲入扣，如果她那天不願意，順好停止工作，等她性情順了再開鏡，不然，你怎麼求她，甚至要脅她，都是辦不通的，總之，這孩子的個性強極了。

所以，我頭一天陪她談談笑笑，等她高興了，我就逗着她說：

「小燕，我幾時爲你拍一套生活照，好嗎？」

「好呀！」她拍着小手笑嘻嘻地說，「明天就拍。」

「你說拍室內的好呢？還是到外面去拍？」我一切遷就着她說。

「在外面去拍好玩。」

「那麼明天下午我帶你去荔園兒童樂園去玩。」

「行，行。」她反而叮囑我說，「明天早點來帶我去。」

第二天下午，我到她的寓所去接她，她已經穿得整整齊齊在等候出發呢。

我一進門，她連忙放下手上的洋囡囡，起身笑迎着說：

「你眞守時間呀，請坐。」說着又大聲叫，「媽咪，金先生來了。」

張太太從寢房裡走出來，向我笑道：

「小燕一吃過午飯就嚷着，快點換衣裳，金先生要來帶我去拍照。我說，急什麼，等金先生來了也換得及呀。她鼓着小嘴說，不答應人家就算了，既是答應了，就得我們等候別人，那裡好叫人家到了等我們呢。」

「噢，眞了不起！」我由衷的稱讚說，「一個九歲的小孩，比大人做事還乾脆俐落，說一是一，說二是二。」

「眞的，」張太太一面倒茶給我，一面告訴我說，「這孩子性子雖然大，可是只要她答應的事，她一定會做到；不過，她要是不答應，你可怎麼樣哄她也不行。」

「一個有特殊天才的人，總不免有點迥異常人的個性。」我說着，朝她看了一下，她頑皮地向我笑着掀一下小嘴，這表情就夠天眞而美麗了。

「什麼天才，」張太太謙虛地說，「簡直是淘氣。」

「我們走哪。」小燕連忙截斷她母親的話，站起身來表示要走的樣子。

「你看，金先生人家剛坐定，還沒休息一會兒，她就催着要走啦。」張太太假裝生氣，可是又忍不住撲哧地笑了。從言語間，我看出了這位慈母對她的女兒是多麼的疼愛。

「早點去也好。」我說。

小燕高興得什麼似的，馬上起身嚷着：「走呀，走呀！」張太太草草收拾，我們三個人就走了出來。

我們一道搭車到了荔園，小燕看到偌大一個遊樂場，喜得只拍着小手叫：

「眞好玩！」

於是，我帶她到「兒童園地」去玩，那兒有各種供小童乘坐的玩具，馬呀、飛機呀、小汽車呀、小遊艇呀。她每一項都要嘗試一下，可是飛機沒讓她坐，那東西在幾丈高的空中旋轉，小孩子是不適宜的。

（下轉32頁）

她坐在小艇上，凝神地看着前面的艇子跟着旋轉。

小汽車軌道上，只她一人駛，別人都在看她玩。

坐在小火箭裏，似乎準備到

本報記者，陪伴童星張小燕遊兒童樂園。

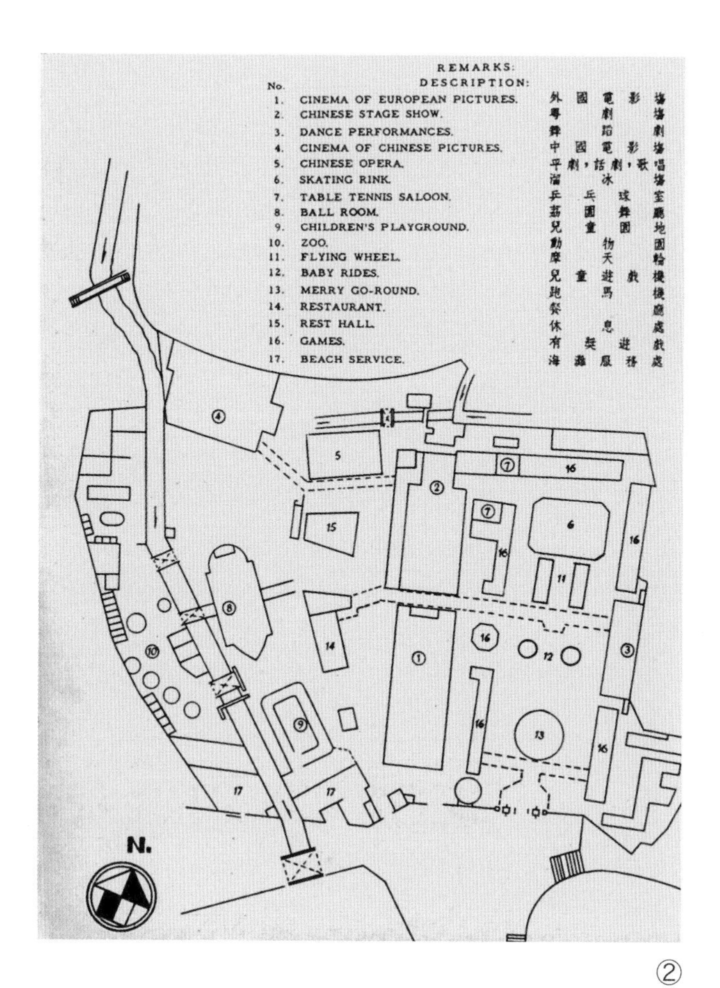

②

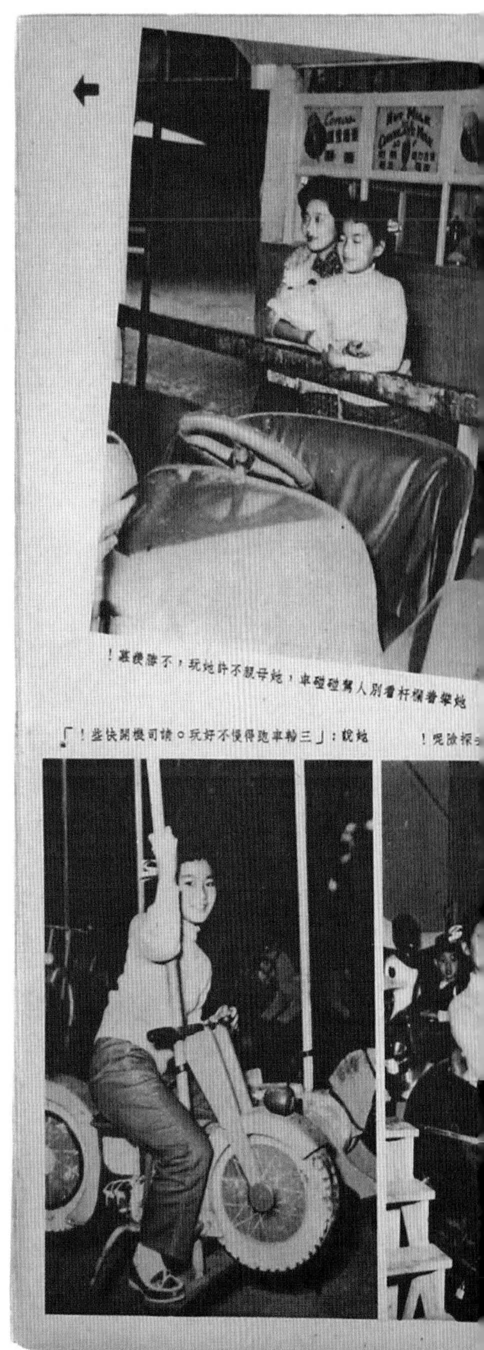

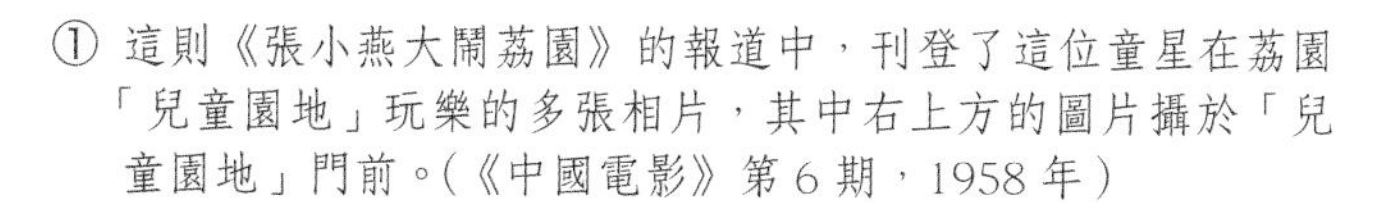

① 這則《張小燕大鬧荔園》的報道中，刊登了這位童星在荔園「兒童園地」玩樂的多張相片，其中右上方的圖片攝於「兒童園地」門前。(《中國電影》第 6 期，1958 年)

② 從 1961 年的荔園平面圖可見，水上舞廳已更名為荔園舞廳，於 1959 年正名的「兒童園地」，位置正正就在荔園舞廳的船頭前方。另外，各種劇場名稱已明確標示出上演節目的類型，除粵劇場外，還有外國電影場、舞蹈劇、中國電影場，還有一個標示為「平劇 · 話劇 · 歌唱」，光看場地名稱已見劇場節目的多元化。另一個值得注意的地方，就是平面圖再無標示游泳池設施，只有一個海灘服務處。(本圖摘自《香港》，高嶺梅篇，1961 年)

①

① 第二代荔園仍然設有游泳池設施。圖中泳池旁的矮建築上，印有屈臣氏飲品——「橙蜜 Zest」的廣告。

② 第二代荔園的一週年廣告，除了贈送幸運券，也將「不斷換水」的游泳池列作招徠遊客的賣點。(《華僑日報》，1951 年 7 月 12 日)

③ 踏入夏季，荔園再次以游泳池作為廣告主打。(《香港時報》，1952 年 5 月 26 日)

五十年代初期，兩個游泳池仍是主要賣點，分別是大眾游泳池和特別池，另設淋浴及更衣服務，並陸續加設貯物服務。耐人尋味的是，自五十年代中起，廣告上未見游泳池的宣傳出現。而上文提到一九六一年的平面圖，也沒有標示游泳池的設施，只有一個「海灘服務處」；在一九六〇年的報章廣告中，就曾標榜「海灘泳棚」，主要是供應淡水沖身及貯物，相信這就是「海灘服務處」。然而，荔園內的游泳池是消失於何時？是否隨着一九五八年的抽水工程而改建了？實有待考證。

其他設施方面，依舊有西餐廳，由牛奶公司主理，以及中式海鮮餐館，另有涼亭十數（可以容膝品茗，或集伴竹戰）、商場、停車場等。

動物園

荔園動物園的出現，可從一九五三年的一則廣告見到端倪——上寫「本園新闢動物園陳列名貴奇異野獸」，可見動物園於該年開始營運。

話說荔園內大部分遊戲設施、夜總會及劇場等，並非獨創，北角月園及麗池等可能比荔園更早引入，唯獨動物園則是其他遊樂場所無。嚴格來說，戰前曾經出現的某幾個遊樂場，都有動物園雛型的設施，利園就是一個例證。但一樓三園等在戰後五十年代，大部分已陸續結業，論規模等，一直運作至九十年代的荔園動物園可算一枝獨秀。

一九五二年下半年，荔園從越南運來一批野生動物，包括斑豹等猛獸，放在籠裏，由一位法國人打理。據云這位法國人還能徒手捕捉老虎！自一九五三年開始營運後，往後數年的廣告都甚少見到動物園的宣傳，可見動物園並非第二代荔園早期的重點

① 荔園動物園的出現，可從 1953 年的一則廣告見到端倪（見本書頁 42 圖 2）—— 上寫「本園新闢動物園於該年開始營運」，可見動物園於該年開始營運。之後在 1958 年年底的廣告，重新以動物園作招徠，表明新奇動物不斷增加，並標示「新增南非巨蟒及南美珊瑚象龜」，且是免費參觀。（《星島晚報》，1958 年 11 月 20 日）

② 曾有指大象天奴在 4 歲隨「沈常福馬戲團」抵達荔園，自此成為園中的終身住客。

設施。直至一九五八年年底，一則廣告出現了動物園新增成員的消息，並將之作為主打宣傳，上寫「新奇動物不斷增加」，這次新增的動物正是南非巨蟒及南美珊瑚象龜，前者「長逾丈五，重逾百磅」，後者「珊瑚紅斑，隆背巨型」。筆者推斷，動物園經過數年的營運後，吸引力已退減，所以希望新增動物，挽回聲勢。留意一九五八年也是荔園啟動大型翻新工程——抽乾人工湖的一年，足見第二代荔園在這一年刻意重金打造，重新出發。

動物園的新成員在五十年代末陸續加入，一九五九年，張軍光在荔園舉行記者招待會，高調宣傳將會從澳洲引入一對袋鼠，並請來澳洲航空公司的高層人員來作嘉賓。不得不提的，當然還有盛載着不少港人童年回憶的大象天奴。

天奴是雄性的緬甸大象，有說是「沈常福大馬戲」（Sheum's Circus）的馬戲班成員。「沈常福大馬戲」活

②

躍於東南亞，經常到各地演出，是十分有名的馬戲團。一九五九年二月，「沈常福大馬戲」乘船到港，於中環新填地（即永安公司對面），在農曆初一起隆重演出。其時每天三場，除有各式雜耍表演，另設動物園予遊人參觀。「沈常福大馬戲」擬在港逗留大約半年，並安排在九龍（新蒲崗）和新界演出，然後返回馬尼拉，再到菲律賓等地。據沈常福女兒的一篇訪問，提到沈常福馬戲團至七十年代仍在表演，但一九七七年結束印尼演出後，因市道行情日漸艱辛，遂決定把剩下的動物留在印尼，省卻運輸費，同時宣告解散馬戲團。訪問中亦提到一九六四年上映的電影《大馬戲團》（秦劍執導），正是以他們的馬戲團作藍本。

至於天奴何解會留在荔園呢？有說沈常福大馬戲這次歷時大約半年的香港演出，反應不佳，導致虧本，離開香港時，天奴剛巧生病，遂轉交荔園照顧。然而，一則一九五八年十二

SHEUM'S CIRCUS
沈常福
大馬戲
隆重演出
地點：中環新塡地
（永安公司對面）
元旦日起
每天三塲：
日塲：二時半
夜塲：七時 九時半
價目
一元七角 $ 1.70
二元四角 $ 2.40
三元五角 $ 3.50
四元七角 $ 4.70
六元 $ 6.00
十元 $ 10.00
動物園同時開放
入塲每位兩角

五十年代「沈常福大馬戲」經常走訪東南亞演出，這是一則在香港中環新填地演出的宣傳廣告。（《東風畫報》，1959 年 2 月 12 日）

月九日的《香港時報》報道曾清晰指出天奴是於一九五八年從非洲運抵荔園。天奴時年六歲，曾接受短期訓練，報道亦未提及為「沈常福大馬戲」的成員，可說是反駁了上述傳言。姑勿論如何，天奴於五十年代成為荔園住客，餘生都在這裏度過（關於天奴的故事，下文會再細述）。

荔園動物園在五十年代末增添了不少成員，頗具瞄頭，較五十年代初更具規模；動物園在那數年間先後引進過老虎（綽號「虎王」，在一九七四年因意外跑出籠外，被劑量過多的麻醉藥射中，倒地不起）、來自揚子江的鱷魚「亞細」，另有虎貓、四頭金錢豹、馬來熊、三頭亞洲黑熊、南美洲絨羊、白猿、黑麝貓、鼬鼠、猴、熊狸、獼猴及山羊等各種動物。後來邱德根入主荔園，成為第三代主人後，就在這基礎上擴建動物園。

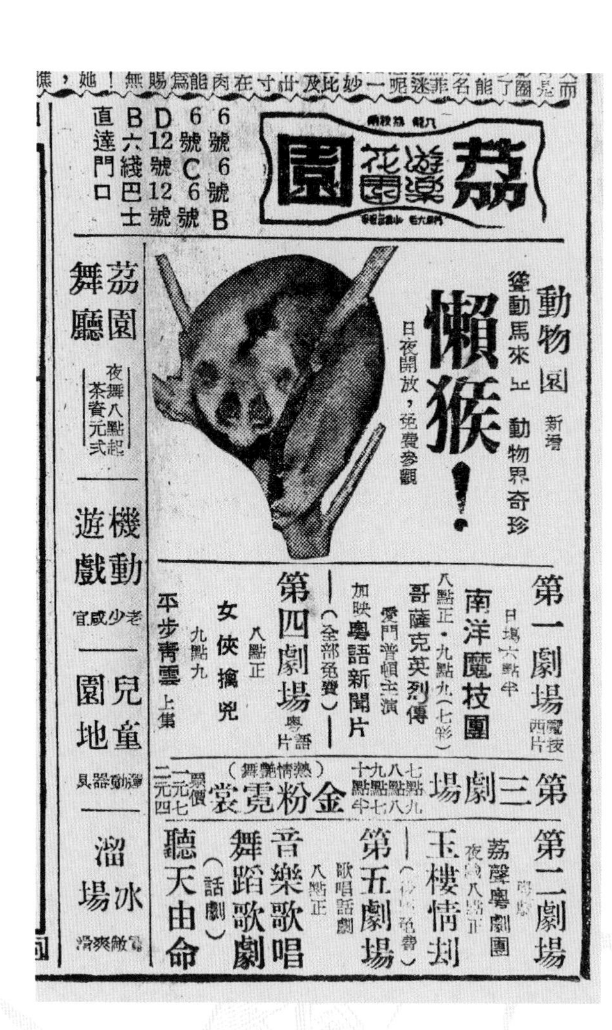

這則廣告再以動物園新增成員作賣點，宣傳「聳動馬來亞」的「動物界奇珍」——懶猴。這廣告刊於1962年9月，應屬張軍光主理荔園的最後階段了；同年他與邱德根達成協議，將荔園轉手對方經營。（《華僑晚報》，1962年9月26日）

1959 年，荔園主人張軍光招待記者，宣傳不久將從澳州運來一對袋鼠，加入動物園的大家庭。記招上張氏答謝航空公司總經理鮑積瑞、華人經理梁溢珊及空中服務人員沿途對袋鼠的照料。(《東風畫報》，1959 年 8 月 17 日）

小結

一九五〇年七月一日，第二代荔園遊樂場正式開幕，其時頗為轟動。往後五至六年是第二代荔園的黃金年代，據稱每日遊人逾萬，園內車水馬龍，生意暢旺。其全方位的娛樂設施，能針對各年齡層的遊客；其間不斷改善設施，令荔園保持新鮮感，也更能迎合遊人的需要。

經歷數年高峰期後，荔園的業務在一九五七年起漸走下坡。主理人張軍光未有坐以待斃，反而在一九五八年進行大型翻新工程——抽走人工湖水，增加陸地面積，以騰出空間新建更多遊樂設施，以至投放更多資源在動物園上，希望荔園能有所起色。

可是，園內的一些成人節目一直為人詬病，當中包括一些賭博玩意、尺度大膽的西片、以神祕節目為名，色情表演為實的，如肚皮艷舞、模特兒表演和廣告女郎等。可能上述玩意過於明目張膽，以至園內愈見品流複雜，可以想像當中生起不少事端，令主理人忙於應付。

從一九五〇年接手後，張軍光經營這所規模龐大的遊樂園已十多個年頭，當初的熱情或已隨着時間而消磨。一九六二年，意興闌珊的張氏有意賣盤，其時邱德根有興趣進軍遊樂場事業，二人一拍即合，至此，荔園第二次易手。

家庭用品展覽會

香港華僑晚報和荔園聯合主辦的「家庭用品展覽會」，在本年十一月中旬假九龍荔園舉行。該展覽會主要目的，在向各界介紹理想的家庭必需用品，着重介紹港九工業出品，使參觀者明瞭港九工業發展情形，並得悉如何選購經濟耐用之日常用品。荔園爲目前港九唯一的綜合性大遊樂場，依山濱海，創辦以來已有六年歷史，其主辦人除努力提倡有益身心之娛樂外，更協助各社會團體等舉行種種展覽會，頗得地方人士稱道，而該園所在地區荔枝角，亦因該園成立，一躍而爲港九繁榮地區之一。右上爲家庭用品展覽會開幕時主席岑維休張軍光兩氏陪影星梅綺等入場。右中爲益豐公司攤位，右下爲芳艷芬參觀會場時留影。下圖爲珍妮學校展出之成績。

Printed by SOUTH CHINA PRINTING CO., LTD.
480 KING'S ROAD, HONGKONG

張軍光及蔣伯英小傳

張軍光，1909年出生，上海人，曾任上海公學大學部教授，上海《遠東月報》社長兼主編，早年著有《社會發展史綱》。後投身國民黨，出任中華民國全國商會聯合會秘書長，中華民國全國商會聯合西南辦事處主任（渝、滇）等。1948年到香港，繼續在工商界發展。歷任華利貿易公司董事長兼總經理、香港中華廠商會聯合會常務董事、香港東方體育會會長、香港東華三院總理及顧問、香港博愛醫院總理及顧問等。

1950年，聯同蔣伯英等人，接掌荔枝園。因着其人脈極廣，荔園早期跟不少工商界團體合作舉辦活動。隨着蔣伯英在1951年離開，第二代荔園基本由他一人主理，至1962年易手至邱德根為止。

蔣伯英，祖籍浙江紹興，原在上海任戲院經理，抗戰時在西南經營戲院業務並賺了錢，後因局勢不明朗，蔣氏來港發展，1946年創辦「大中華電影公司」，他邀請邵邨人等，籌集資金，修繕南洋片場。同年6月，拍攝了香港光復後第一齣影片《蘆花翻白燕子飛》（何非凡執導）。1946至1948年間，大中華生產了三十四部國語片和九部粵語片，大多由三十年代在上海成名的紅星主演，如李麗華、龔秋霞等，其間，蔣氏還邀請了周璇來港演出，包括《長相思》（1947）、《歌女之歌》（1948）等。可惜，公司在開業不到兩年便遇上財政困難，很快停業。1950年，蔣氏在友人張軍光力邀下，一同從石鐘山手上接手荔枝園，改建成荔園。據聞很多原是大中華的員工，都安排到荔園任職。

1951年，蔣氏遷往上海發展，基本已離開荔園業務。數年後，因「歷史反革命」罪而判刑五年，1957年在江西病逝。

1955年11月中旬，《華僑晚報》和荔園聯合主辦「家庭用品展覽會」，假荔園舉行。報道說：「其（荔園）主辦人除努力提倡有益身心之娛樂外，更協助各社會團體等舉行種種展覽會，頗得地方人士稱道……」右頁上圖是家庭用品展覽會開幕時，荔園舵手張軍光與影星梅綺等一同進場。（《今日世界》，1955年11月）

1962 第三代荔園

基本資料

經營年份

一九六二至九七年

面積

佔地增至三十餘萬平方尺

正門

正門位於路口當眼及開揚處，設五個出入通道。八十年代初，改建成童話式城堡大門，一直沿用至結業為止。

交通

七十年代，有一〇五號隧道巴士由西環直抵荔園門口；另增設免費水上的士，由中環抵美孚，並設專車自美孚巴士總站免費接送。

第三代荔園早期正門為兩對平肩大柱，柱與柱之間經常掛有大型彩色廣告牌宣傳園內活動。至八十年代中，大門設計換成童話式城堡大門。

1997

「娛樂大亨」接手荔園

走過第一、二代的創始期，年代較近而維時最久的第三代荔園，相信是最能勾起今日港人回憶的時期。由老虎仔標記、童話式的城堡大門，以至摩天輪、跟白箭香口膠廣告總連在一塊的拋階磚攤位遊戲等等，都在曾經入園的市民腦海中，留下過快樂印記。

荔園在一九六二年再度易手。有「娛樂大亨」之稱的邱德根，得悉經營荔園的朋友張軍光有意賣盤，恰巧他有意發展遊樂場事業，遂跟張軍光商談，僅談了一個下午，二人便達成協議。

由於早年的香港環境複雜，邱德根的夫人裘錦秋反對過這件事，認為經營遊樂場，需要面對三教九流人物，接手這門生意容易招惹麻煩。但邱氏認為，香港跟上海不同，沒有橫行霸道的流氓、地痞，「大世界白相人」（即沒有固定職業和正當工作人士）的時代已是過去式。他又認為，社會環境不同往日，市民除了工作、填飽肚子這類基本的生活需求，還需要娛樂，經營遊樂場正是一門大有市場的生意。眼下生意雖不理想，但只要不斷改進，業務自有起色，於是決意接棒經營。

銳意改革　迎來高峰

為了經營荔園，邱德根特地往日本考察，並在入主荔園後，不斷構思創新的意念。他斥資一百六十萬元進行改革，首先是改善環境。邱氏留意到遊人進園時，鞋子光潔乾淨，離場時鞋身卻沾上泥塵，於是在部分原始的泥沙地台上，加鋪鋼筋水泥，部分則鋪蓋紅磚，吸收陽光，以達到降溫之效。邱氏又將擋路的樹木搬移，加闊通道，並在空曠之處加種樹木，廣植花草，為遊樂場增添綠意。園內環境經改善後，據悉遊客增加了一倍。次年，邱氏更改善園內的地下去水系

邱德根接手荔園後，在原來的泥沙地面上鋪蓋水泥、紅磚，擴闊通道。這兩幅圖的正門還是第二代的模樣，只有一對扁平柱體，但憑門前平整的石屎地和欄杆，推斷此兩張圖有可能是第三代荔園早期的正門，估計為六十年代初。

統，以鋼筋水泥代替木板作建築材質。

除了在環境方面着手，荔園易手後，還引進了多款歐美的新型機動遊戲，增加劇場數目，又將「動物園」更名為「萬牲園」，引入更多不同品種的動物等等。在連串革新下，荔園在一九六三年迎來「顛峰年」，創下了全年三百萬人次的入場紀錄。

這年的成績除了可能跟地利與人和有關，邱德根解釋，一九六三年的卓越入場人數紀錄其實有賴天時之助。遊樂場本來就是一門看天吃飯的生意，所謂「颱風一半，落雨全無」，意思是颱大風時，遊人會減少一半，如遇雨天，則差不多沒有人入場了。一九六三年，香港下雨天特別少，有份造就荔園三百萬進場人次的紀錄，其後入場人數逐年遞減，但荔園始終保持求新、求變的精神，在競爭力愈來愈大的遊樂場市場中佔有一個位置。

八十年代　潮流革新

一九六五年一月三十一日，位於新蒲崗的啟德遊樂場開幕；一九七七年一月十日，海洋公園開幕。遊樂場要保持競爭力，必須不斷推陳出新。

荔園沒有因一九六三年的好成績而停下腳步，反而至一九九七年結業為止，在樂園設施、節目內容、配套、宣傳等都作過不同嘗試，比如開設全港首個真雪溜冰場；推出更多元化的劇場節目；邀請不同的影視名人前來表演等。

為了與海洋公園分庭抗禮，荔園在八十年代更以「今日新荔園，帶動潮流轉」為宣傳口號，推出一系列重大革新，其中一個改變，便是正門換成了不少人仍然印象深刻的童話城堡大門。

② ①

③

① 參展作者鄭鍌將六十年代荔園的春節正門裝飾記錄下來，並以「三羊開泰」作點題。(《香港風光影集》，香港：星島晚報攝影週刊、天然有限公司，1967)

② 攝於 1971 年，可看到荔園正門的大型廣告板，右面正宣傳園內有巴基斯坦魔術師表演，供免費參觀。

③ 約六十年代末的荔灣全景圖，可看到第三代荔園的早期正門，圖中正門早已換成兩對平肩大柱。

童話城堡大門

第三代的荔園大門經歷過最少兩次轉變。根據手上的資料，無法斷定第三代荔園是否曾經沿用第二代只有一對扁平柱體的正門設計，但從照片中可見，荔園最少在六十年代中，已改為有兩對平肩大柱的模樣。兩對大柱一高一低，看來較之前宏偉和大氣，柱與柱之間經常掛有色彩鮮麗、繪上卡通公仔的廣告牌介紹園內節目，包括最新推出的機動遊戲，或是宣傳劇場節目，也會因應節慶掛上相應裝飾，增添節日氣氛。至八十年代中，大抵是仿效迪士尼卡通世界的時尚，荔園正門，搖身變成白色牆身，配上多個紅、藍色圓錐形塔頂的童話式城堡大門，其設計夢幻，飾以兩隻笑容滿臉的荔園標記「老虎仔」和兔子卡通造型作裝飾，屬荔園八九十年代的新地標，頻頻見於荔園相關的宣傳物品上，如入場券、閃咭、八達通、套摺、海報、周刊廣告等。

有趣的是，根據廣告、入場券等曾經使用的插圖、照片，約在一九八四至一九八五年，荔園正門曾短暫出現過一個相對簡單穩重的城堡設計。這款設計的塔頂數量較少，卡通圖案亦沒後來的版本搶眼，但從一九八五年的宣傳物品可見，城堡設計在同年已換成了更為華麗的款式，一直沿用至結業，成為一代人對荔園的重要記憶。

①

① 三代荔園早期的彩色圖片，正門還是早期模樣，有兩對平肩大柱，門前可看到當時的巴士站。

② 正門因應節日作主題裝飾，按正門喜氣洋洋的「龍年賀新歲」裝飾推斷，照片攝於屬龍年的 1976 年。

③ 電影《金剛》在香港風靡一時。為此，荔園及嘉禾電影（香港）有限公司合辦「金剛」展覽。《東方日報》在 1977 年 2 月 6 日的一則廣告宣稱該巨型金剛身高 35 呎、體重萬磅、眼睛會射出紅外光、嘴裏還會叫「阿爸」，廣告字眼可能有點誇張失實，但當年荔園斥巨資特為兒童而設卻是事實。此外，荔園為加強宣傳，於展覽當日還邀請溫拿樂隊進行點睛儀式。右圖則為當年意念圖。

恭喜發財
荔園歡迎閣下

②

遊荔園 睇金剛
最宜兒童參觀
巨型金剛．身長35呎．體重萬磅
荔園本年度耗鉅資，傾全力特為兒童設計「金剛」展覽！
眼睛射出紅外光
嘴裡會叫聲阿爸
曉扭計．夠靈鬼
展覽地點：荔園錦秋園
溫拿樂隊「阿倫」「阿B」今日下午三點半在荔園為巨型金剛舉行點睛儀式，歡迎參觀！

③

②

①

① 有效期至 1984 年的入場券上方插圖，正門仍屬早期兩對平肩柱的模樣。

② 1985 年刊於《活力電視》廣告中的配圖，開始出現初版城堡設計的照片。（《活力電視》，1985）

③ 1985 年在周刊刊出的文章，介紹了荔園迎接三十五週年的安排，圖中也可看到初版城堡大門的照片，由此推測荔園正門在 1985 年 7 月之前已作改建，但應尚未換成後來常見的華麗設計。（《電視周報》，1985 年，廖信光提供）

慶祝開幕三十五週年
荔園搞多項大型活動

今年荔園會慶祝開幕三十五週年，整個七月份列爲特別活動月，而且已經安排了很多大型活動同大家一齊狂歡。

例如，今期大衆電視內已刊登了荔園眞雪溜冰場的有獎遊戲表格，準備送出一百五十張VIP咭給各位讀者，便是其一。

憑此張VIP咭可以在七月份內無限次免費進入荔園滾軸溜冰場玩。一百五十張VIP咭的總值超過十萬元，嘩！咁大手筆！其實只是荔園慶祝三十五歲生日的前奏而已。

還有一百五十張滾軸溜冰場的VIP咭會在六月十七日至廿三日，一個星期內，在尖東夏宮的士高抽獎送出，各位舞林同道敬請密切留意。

此外，荔園將會推出特價套票，在玩機動遊戲時更方便且可節省金錢，這都是七月份的貢獻。

講了這一大堆，節目多多，但還未踏入七月的正題，皆因在下醒目貓有意賣下關子，因爲荔園七月每個星期都會有一項大型節目，包保令你感到驚喜，喙下一期再講多D俾你哋聽啦！拜拜。

荔園醒目貓情報站

荔園

76

③

④

④ 女孩身後是 1985 年的荔園平面圖，遺憾平面圖拍得不清楚，但也看到這時的平面圖風格已變得比第二代繽紛生動，也換上很多新玩意和景點，如下方的錦秋殿、錦秋殿背後的機動設施八爪魚、海盜船，以至動物園前方的真雪溜冰場、恐龍屋等等，都是第三代荔園新出現的賣點。正門則繪成童話城堡設計。（圖片來源：吳彩虹提供）

⑤ 同為 1985 年的荔園平面圖，除可看到當年的設施，初版城堡的彩色照片也清晰可見。（《活力電視》第 58 期，1985 年，廖信光提供）

⑤

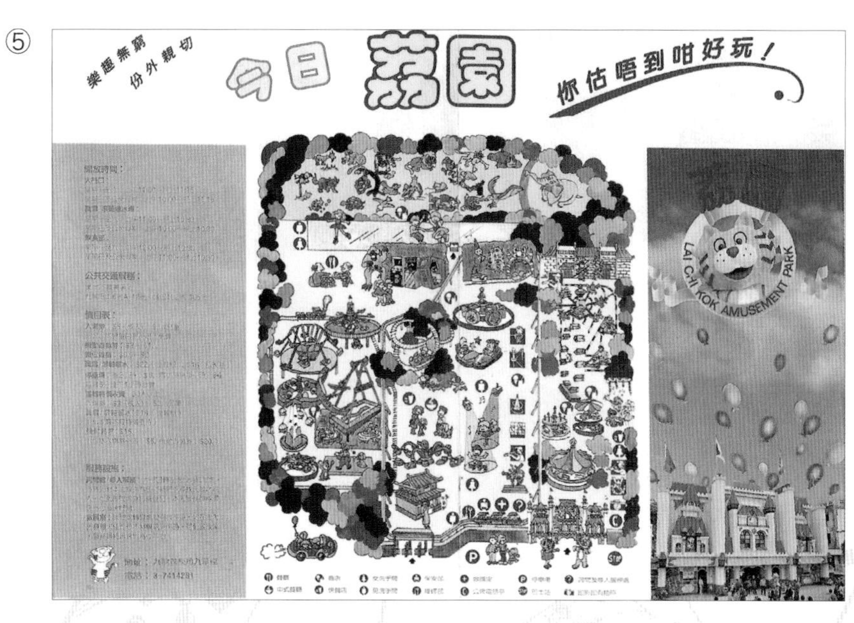

① 按這張門券上的大門設計相對簡約，可估計是1984年末、1985年初的門券。

② 荔園為了迎接1985年，引進新機動遊戲，包括碰碰船、星際機、火箭炮。除此之外，荔園大門也有新的轉變，畫成了童話城堡大門，但此時設計為相對簡單的初版款式（《電視周刊》，1984年12月）

③ 另一幅同於1985年出現的全彩印刷宣傳單張所繪正門，已是飾有多個圓錐形塔頂和三個卡通動物頭像的華麗款式。

①

②

③

④

⑤

④ 這款城堡大門自八十年代中出現，便一直沿用至結業，其夢幻設計彷彿引領入園者穿梭童話國度，是不少香港人的集體記憶。（圖片來源：劉歷奇提供）

⑤「節目豐富，日日不同」八個大字，從七十年代後期便經常出現在荔園招牌的左右兩旁。圖片攝於九十年代。（圖片來源：梁球提供）

由「盾牌射手」到「老虎仔」

荔園在八十年代的另一個變化，便是老虎仔的出現。

其實在老虎仔出現之前，荔園的標記為「盾牌射手」，自五十年代起就守候在荔園大門旁，在七十年代的入場券、劇場券、機動遊戲券等都能看到這個標記。八十年代初期，活潑、可愛的卡通造型老虎仔取而代之，成為新標記，由入場券到各式紀念品、廣告，都能找到這隻老虎仔的蹤影。

不過，「盾牌射手」沒有因為老虎仔的出現而立即走入歷史，直至九十年代，它與荔園招牌依舊形影不離，高高掛在圍牆之上。

自五十年代的第一代荔園，「盾牌射手」標記已守候在荔園的大門旁。

①

圖 1 攝於五十年代，圖 2 攝於九十年代。兩張照片的拍攝位置相若，「盾牌射手」標記與荔園招牌一直沒變，但五十年代的荔園門口寧靜多了，在大片空地前只見一輛優雅的汽車停泊在圍牆邊。到了九十年代，荔園門前的大片空地闢作停車場，擠滿了大大小小的車輛。

②

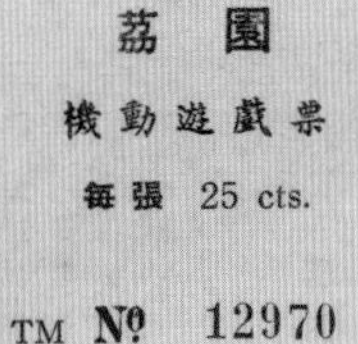

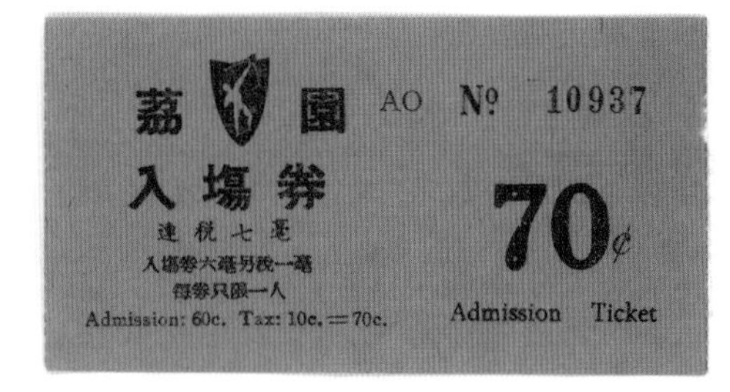

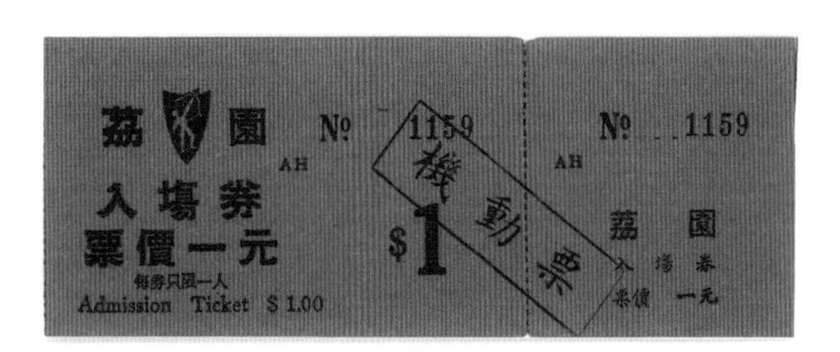

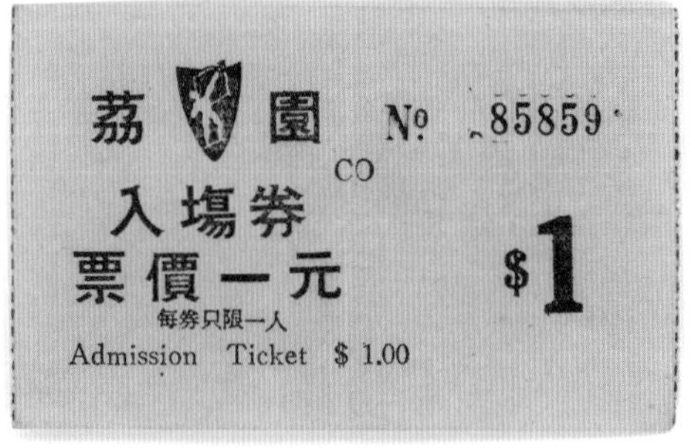

①

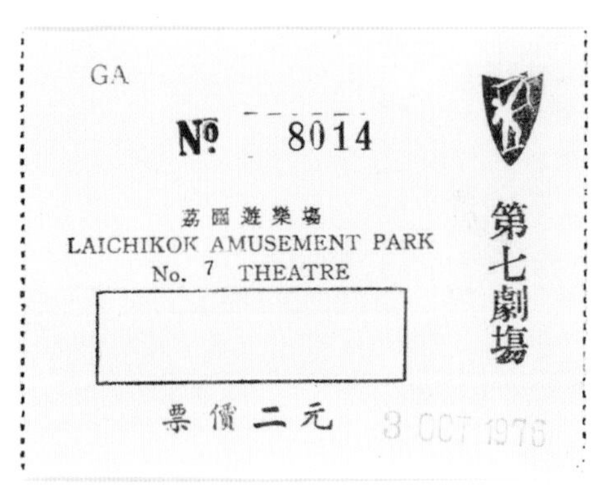

① 七十年代，「盾牌射手」的標記在荔園的入場券、劇場券及機動遊戲券都能找到。

② 八十年代荔園的入場券、宣傳貼紙、動物閃咭紀念膠套、荔園汽球廣告等，已換上卡通造型的老虎仔。

№ 74059

Valid for one person only. Valid until October 31,1989

②

荔園
Happy Birthday
份外親切
荔園HAPPPRY BIRTHDAY
，有橋王黃百鳴和三位青春靚女廿前來慶祝
，自然生色不少。
①

③ 荔園三十二週年，即 1982 年，當時地下鐵路的荃灣線通車，設荔灣站，待荔枝角灣填海後，該站才在 1985 年因就近美孚新邨而改名美孚站。（《成報》，1982 年 7 月 1 日）

④ 宣傳單張上的卡通動物看上去相信正是老虎仔，旁邊字句卻標示為荔園醒目貓，令人有點摸不着頭腦。

① 老虎仔除了化身為印刷物上的卡通人物，也會在工作人員的扮演下化身為會走會動的真實角色，跟遊人打招呼和參與宣傳。在 35 週年的生日會上，藝人黃百鳴和三位「開心少女組」成員陳加玲、羅美薇、袁潔瑩便到荔園慶賀，跟老虎仔合照。（《電視周報》，1985 年）

② 部分荔園入場券、廣告，在八十年代曾出現一些令人困惑的稱謂或卡通造型標記。這張機動遊戲券和圖 3 的報紙廣告上，都出現了一隻虎不像虎、貓不像貓的動物角色。

④

荔園
Happy Birthday
樂趣無窮●份外親切
入場券：成人$5●小童$3
您已被邀請參加
荔園35週年生日會
分享豐富的禮物！
機動套票特惠
原價 $25 現售 $15
眞雪/滾軸溜冰場優待
原價 $22 現售 $16
(連鞋租●免補鐘)
●優待學生
(週一至五，11:00a.m—6:30p.m，7:30p.m—10:30p.m)
●女賓之夜
(週六及日，7:30p.m—10:30p.m)
荔園醒目貓

②

荔園
遠東機構管理
機動遊戲票
Laichikok Amusement Park
荔園
全園通用
(FOR ALL FUN FAIRS)
每票一人即日通用
每張$1.00

③

荔園
卅二週年紀念暨
拖手仔之夜
地鐵荔灣站
32
卅二週年晚會：
七月一日7:00—10:30
•車淑梅、鄧惠欣、夏妙然主持
•魔術、舞蹈、雜技表演
•電影「拖手仔」介紹：翁靜晶、蔡楓華出席
荔園暑期節目表：
七月十日至八月卅一日 大鐵人展覽會
七月十七日、八月廿二日 胡氏遙控模型船示範表演
七月廿四日至八月二日 贈品週
八月一日至八月卅一日 特價套票月
八月七日 校園民歌之夜
八月十四日至八月廿一日 全港公開溜冰大賽
八月廿八日 武術觀摩大會
荔園
開放時間：上午10時至晚上11時15分
電話：3-7414281
WRIGLEY'S
卅二週年晚會由白箭牌香口膠贊助
地鐵 荔灣站

設施

動物園

邱德根在接手時，經常提及辦遊樂場的理念——寓教育於娛樂，於是對動物園大事改革，不斷引進各種動物以充實園地。他於一九六三年，耗費一百萬港元充實動物園，高調重新開幕，同年改名「萬牲園」。一九七四年八月二十二日，兒童動物園揭幕，開幕典禮由市政局主席沙利士議員主持，並邀請嘉禾電影紅星依依小姐及黃家達先生剪綵。兒童動物園計有日本梅花鹿、美國小白兔、德國矮仔羊等，稱重聘動物專家照料，小孩子漫遊園內，可與牠們耍樂拍照。

動物園其後一直不斷添置新成員，七十年代較矚目的，有一九七五年到港的獅子力奇和美美，以及一九七六年來到的日本黑豹亞威；至

①

① 荔園動物園於1963年改名萬牲園，園內有巴西金獅（絲）猴、日本梅花鹿及印度大蟒蛇。同一個廣告中，可見這年的荔園舞廳介紹加上「鉅型冷氣開放」作賣點，當時冷氣為富有人家或公共場合才有的奢侈設備。（《華僑晚報》，1963年7月16日）

② 1964年，荔園成立十四週年，特意舉行記者會。報章全版刊載邱德根接手荔園後充實動物園的報道，提到一批動物從泰國新空運到港，有南非「小吼龍」、西非「巨毒蛇」、北極「巨熊」、南美「金絲猴」、能通人性之「小象」。報道中亦見遊樂設施摩天輪、月球火箭、咖啡杯，以至劇場內部。（《星島晚報》，1964年8月1日）

荔園
香港・九龍・新界
百八十多萬人的樂園
邱德根其人其事
袋鼠
豹
獅
虎
珍珠雞
天鵝
企鵝
白天鵝
火雞
梅花鹿

八十年代動物園新增成員包括禿鷲、綠孔雀、兩頭美洲獅、雙峰駱駝、黑熊，並從泰國引入灣鱷。

九十年代，動物園新增的成員包括來自西伯利亞的老虎力高和思思、來自泰國的猩猩芝芝、澳洲的袋鼠亞占、泰國的兩頭大象蓮寶及奧安，以及花三十萬元買回來的南非長頸鹿叮叮和噹噹等。但隨着鎮園之寶大象天奴於一九八九年二月因急性肺炎病逝，九十年代的動物園給人一種一下失去焦點的感覺。而像早年的動物園明星，包括印度虎、日本的黑豹亞威及揚子江的鱷魚亞細，都在九十年代初病逝。動物園於一九九三年七月三十一日正式關閉。

回顧荔園動物園的發展，當中最受注目的動物必然首推大象天奴，其曝光率遠較園內其他動物為高，當中周刊及雜誌的報道、課本封面或內頁、月曆插圖、影相板、閃咭，以至樂高作品都見其蹤影。

①

②

① 1970 年 12 月，為慶祝荔園水上動物園開幕，邀來邵氏女星丁佩出席助慶。（*The China Mail*，1970 年 12 月 18 日）

② 兒童動物園於 1974 年 8 月 22 日開幕，園內有日本梅花鹿、美國小白兔、德國矮仔羊等。（《新晚報》，1974 年 8 月 21 日）

③ 在兒童動物園內，可愛的德國矮仔羊可隨意走動，遊人爭相與牠們玩樂及拍照留念。

④ 這張照片攝於九十年代。德國小矮羊如此溫馴友善，連小女孩都特意前來親一親，還好細心的將食物逐一遞給羊仔哥哥呢！（圖片來源：吳文正提供）

③

④

綠孔雀和禿鸛在八十年代引入動物園，孔雀開屏的美麗姿態吸引遊人圍觀和拍照。有「沙漠之舟」之稱的雙峰駱駝亞祖，則於 1988 年加入荔園。

①

②

① 大象「天奴」早在第二代荔園出現，但到了第三代荔園時期依然備受注目，成為很多人的童年回憶。照片的左方牌坊見「錦秋園」三字。

② 1989 年 2 月 3 月，鎮園之寶大象天奴因急性肺炎，最終被人道毀滅，埋葬於將軍澳堆填區。天奴逝世時，享年 35 歲，約為人類壽命的 53 歲。從七十年代一本幼稚園常識課本載錄的天奴照片可見，當年小天奴被困在狹小的鐵籠裏，長大後才慢慢轉到較廣闊的環境。（《新標準幼稚園：常識》第一冊，香港：風行出版社，1970 年代）

輟演數十年
合之效。

李家園百貨公司
擴張新店
今日開幕

具有五十餘載悠久歷史，位在九龍油蔴地上海街一六二至一六四號之李家園百貨公司主人，因鑒於年來顧客與日俱增，近斥重資擇在上海街一一七至一一九號擴張新址，刻已籌備竣工，定今日正午十二時隆重開幕，敦請本港紳士余達之剪綵，並設備雞尾酒會招待各界嘉賓，該百貨公司主人，素以忠誠薄利，明碼實

非洲小笨象
在荔園露臉

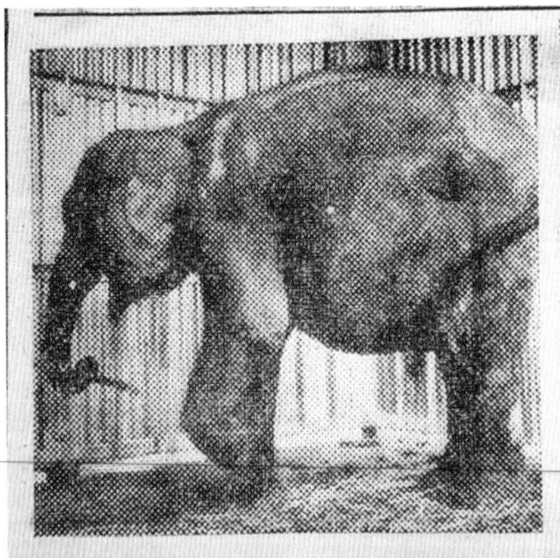

荔園自於上月闢設動物園以來，其中不乏珍禽異獸，如西藏喜瑪拉雅山產的食人驚，紅河三角洲產的胡大雞，太平洋島產的蛇鶴及越北產的狗熊，均屬香港史上未有公開露面之奇珍鳥獸，故運日本港居民前往荔園一開眼界者，至為擠擁。該園日前自非洲運到小笨象一頭，體重約七百八十斤，名叫「天奴」，齡六歲，曾經短期訓練，故性殊馴，食量甚爲驚人，每日連食蔬果及青草達八十斤之鉅。圖：小笨象「天奴」在籠中。

①

②

③

① 關於大象天奴身世的報道，曾一度說成是沈常福馬戲團於 1959 年在港演出時嚴重虧蝕，在財政拮据的情況下將天奴留在荔園。然而《香港時報》於 1958 年 12 月 9 日的一則報道，卻確切交待天奴於 1958 年從非洲運抵荔園。報道指天奴當時體重約七百八十斤，齡六歲（坊間一般說法為四歲），並指出牠曾受過短期訓練、性情馴良，每日進食蔬果及青草，達八十斤之多。（《香港時報》，1958 年 12 月 9 日）

② 來自泰國的黑熊亞飛，於 1989 年到荔園展出一年。

③ 1992 年代，南非長頸鹿叮叮和噹噹曾來港展覽，後來荔園更以三十萬港元正式引進。（圖片來源：張建達提供）

④ 這套動物園閃卡套裝在背面介紹了荔園動物園的多位成員，包括大象天奴、鱷魚亞細、黑熊亞飛、老虎力高和思思、袋鼠亞占、猩猩芝芝等，除了天奴和亞細，大部分是在第三代荔園時期引入。

④

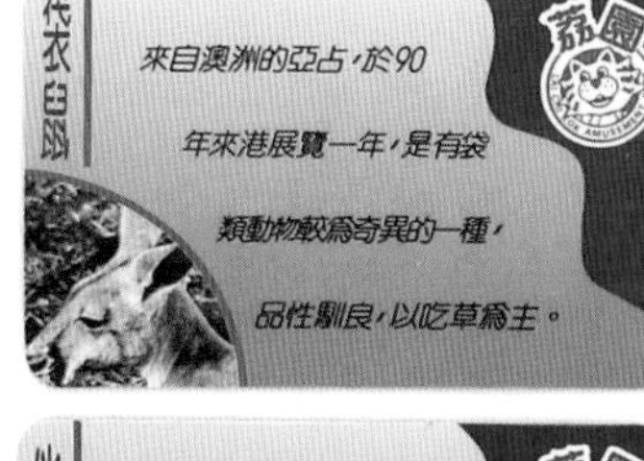

來自澳洲的亞占，於90

類動物較為奇異的一種，
品性馴良，以吃草為主。

來自非洲的力奇和美美，
於75年1月來港，牠們有萬
獸之王之稱，屬貓科動
物，性兇暴而殘忍。

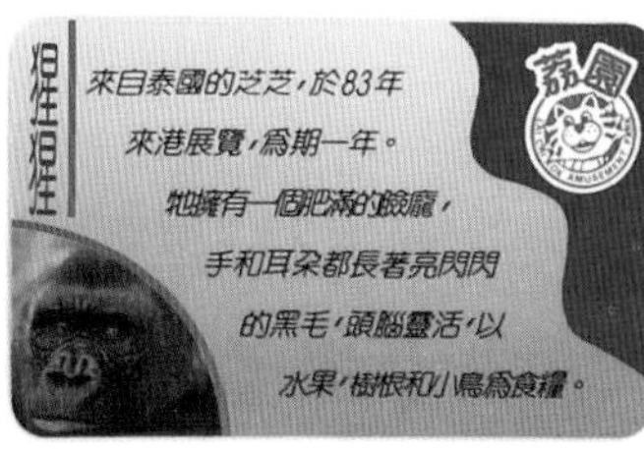

來自日本的亞威，於76年
6月來港，93年3月病逝。

喜歡吃珍雞及別的鳥類。

猩猩
來自泰國的芝芝，於83年
來港展覽，為期一年。
牠擁有一個肥滿的臉龐，
手和耳朵都長著亮閃閃
的黑毛，頭腦靈活，以
水果，樹根和小鳥為食糧。
荔園

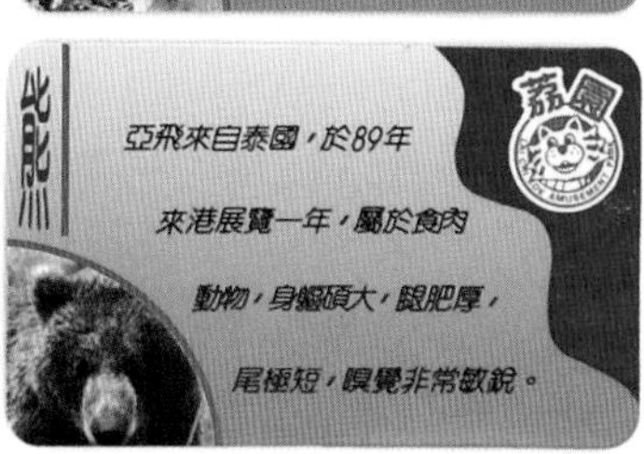

熊
亞飛來自泰國，於89年
來港展覽一年，屬於食肉
動物，身軀碩大，腿肥厚，
尾極短，嗅覺非常敏銳。
荔園

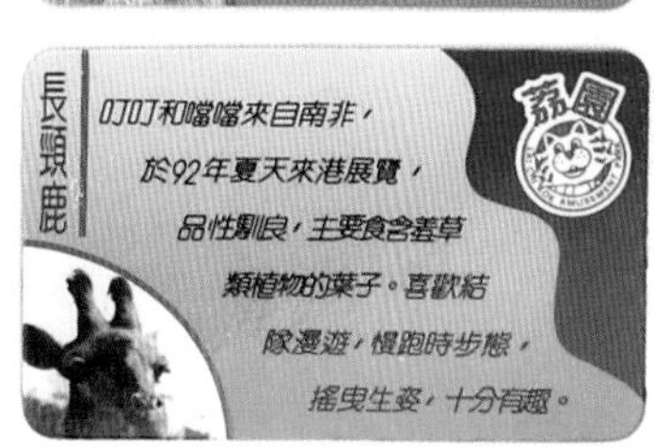

長頸鹿
叮叮和噹噹來自南非，
於92年夏天來港展覽，
品性馴良，主要食含羞草
類植物的葉子。喜歡結
隊漫遊，慢跑時步態，
搖曳生姿，十分有趣。
荔園

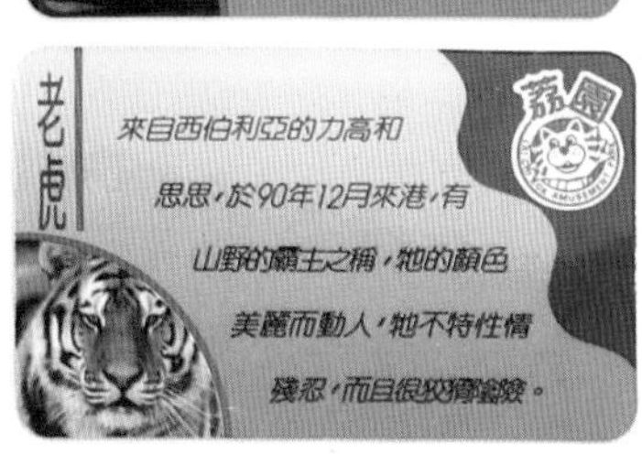

老虎
來自西伯利亞的力高和
思思，於90年12月來港，有
山野的霸王之稱，牠的顏色
美麗而動人，牠不特性情
殘忍，而且很狡獪靈敏。
荔園

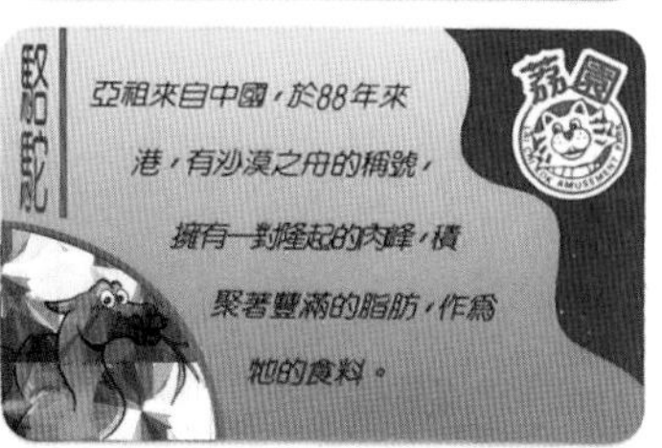

駱駝
亞祖來自中國，於88年來
港，有沙漠之舟的稱號，
擁有一對隆起的肉峰，積
聚著豐滿的脂肪，作為
牠的食料。
荔園

大象
天奴58年來港時年僅四歲，當
時由著名馬戲團沈常福攜來，
後來轉讓給荔園，這隻善解人
意，曉得和遊人打招呼，點頭
屈膝的大象，非常受小朋友
的歡迎，可惜於89年不幸患
上急性肺炎，不治逝世，享年
35歲，約為人類壽命的53年。
荔園

亞細來自揚子江，與天
奴同年來港，至今已有
三十五年，是動物園內
最年長的住客。牠也是
鱷魚類中最珍貴的品種。

馴獸師威哥：

香港唯一的本土馴獸師

文：*黃可衡

香港唯一的一位馴獸師蕭國威（威哥），自一九五〇年便居住在茶果嶺。在茶果嶺長大的威哥是榮華冰室的常客，他每天起床第一件事便是來吃早餐，冰室的牆上貼有不少威哥在荔園當馴獸師時的照片。當他說起當年在荔園工作的點滴，每一隻猛獸的性格、細節，他還記得一清二楚，恍如昨日。

威哥十八歲就跟隨東南亞著名的馴獸師沈常福工作。當時沈常福馬戲團是世界十大馬戲班之一，風靡東南亞，最受觀眾歡迎的劇目是「虎豹大匯演」，在籠內馴獸師同時跟虎和豹互動。威哥在三年內隨馬戲班遊歷了馬來西亞、山打根（馬來西亞北面城市）、新加坡、台灣等地。二十一歲到澳門新花都娛樂場內的動物園工作了三年，園內以動物為主，沒有猛獸，喜歡刺激的他感到工作頗為乏味，於是在二十四歲那一年經引薦到荔園工作，成為香港唯一的本土馴獸師，前後任職共十八年。

①

從威哥訓練動物的心得，可看到人生智慧。他說：「要讓牠知道你對牠好。」一般來說，一隻初來的猛獸一定要留在籠中幾個月，威哥每天親自餵飼，食飽後便會叫喚牠的名字，慢慢建立信任。三個月後，便會在猛獸吃飽時走入籠，慢慢走到牠身邊，一邊叫着名字，一邊留意眼神，這方法絕大部分時候也能成功。

說起令威哥印象最深的猛獸，威哥回答：「是呷醋王金錢豹。」從前荔園有兩隻金錢豹，男的叫 Limo，女的叫 Gigo，一次威哥在籠中摸着 Gigo，一時忘了 Limo，豈料 Limo 呷醋，一口咬住威哥大髀，只是「輕輕一咬」已幾乎斷骨。Limo 知道自己闖了禍，頓時感到害怕，瑟縮一角。威哥沒有怪牠，反而上前安慰，難怪在相中的 Limo 望着威哥的眼神似嬌嗲的貓。

威哥認為大象是最聰明的動物，而荔園的鎮園之寶「天奴」是威哥一手訓練出來，學懂最多動作，後來更加插了觀眾餵食香蕉的環節。一次，一名觀眾貪玩地把香蕉幾次遞給天奴又收回，再遞出來時天奴沒有理睬，轉身走向身後水池吸了一大啖水，然後將水噴向那位觀眾。

至於獅子，雖被稱為「萬獸之王」，但威哥認為牠不及豹兇猛，「獅子吃飽了之後，你在牠前面走來走去都不會襲擊你，但豹即使不餓，有獵物出現也會先把牠殺死，放在一旁積穀防飢。」獅子的獅哮功十分厲害，聲音能震爆玻璃，能讓猴子失足從樹上掉下。威哥馴養過不少類型的熊，他覺得東南亞的棕熊性格最馴良，更有熊在他茶果嶺的家居住過。「如要選我最喜愛的猛獸，那應該是熊，牠心情好時會伸手掌，很可愛。」熊最愛吃紅米、蕃薯、竹，野生的熊會食肉，但在動物園的熊一般只會吃素。

四十二歲那年，威哥有感體力大不如前，也是時候退下火線。他說：「那時候還要養家，不會想太多，最重要是賺錢，當馴獸師是最風光的日子，但做人要知進退輕重，現在也很好呀！」說罷發出一陣響亮的笑聲，知足常樂寫在威哥的臉上。

③

②

① 威哥在荔園的工作證

② 呷醋王金錢豹

③ 威哥在荔園當馴獸師時的照片

＊ 本文撮錄自黃可衡著、mujiworld 繪：《在地・餐桌・小旅行》（香港：非凡出版，2021），頁 88 至 95。原文名叫〈榮華冰室 ・ 西多士 ・ 與馴獸師的對話〉。

劇場

荔園其中一個重要賣點是它的劇場，舉行過西片及粵語片放映、粵劇、豔舞、京劇、流行曲、雜技、魔術、諧劇、平劇，甚至棋檀、兒童木偶劇等。

荔園在第三代初期的一九六二年時有六個劇場，至一九六五年擴充為九大劇場，宣傳時以「港九唯一擁有九大劇場的大眾遊樂場」作賣點，座位逾萬，其中第三及第五劇場一般要收費，餘下劇場大多免費。為了增加競爭力，至一九七三年，荔園推出過十二大劇場，擁有由美國空運抵港的智力球室，但不到兩年縮減回九大劇場。其中第九劇場的表演項目「科學美人」，因推出後被抨為色情表演，有傷風化，後來取消。

劇場邀請過不同劇團、歌舞團及不同雜技團和魔術團上台，最為大眾認識要算當年蜚聲中外的差利張魔術團了。此外，多位香港著名歌影界藝人在年青時都曾在荔園登台，包括陳寶珠、蕭芳芳、鄭少秋、鍾叮噹、鍾玲玲、七小福（包括成龍和洪金寶等人）、呂珊、張圓圓（張德蘭）、西瓜刨（林根）、尹光等，梅艷芳更曾與姊姊梅愛芳在荔園當駐場藝人。

① 1962 年邱德根接手荔園後的一個主要改革，放在擴充劇場數目上。這時的劇場數目已增至六個，除了西片、粵語片、粵劇、艷舞外，還有歌唱話劇和越劇，各播放時間和收費不同。(《星島晚報》，1963 年 2 月 17 日)

② 1964 年中旬，荔園劇場數目已增至七個，第七劇場通常定為「平滬雜劇場」。(《星島晚報》，1964 年 6 月 27 日)

④

③

⑤

③ 及至 1964 年下旬，荔園加插「女子歌壇」項目，令劇場數目增至八個。從劇場節目的多元性，以至廣告中提及的兒童園地，都見荔園以成為「大眾樂園」為目標，希望做到客源不分男女老幼。（《家庭生活》，第 495 期，1964 年 11 月 30 日）

④ 荔園在六十年代中期發展為九大劇場。原本多為平滬雜劇場的第七劇場，已劃定為魔術和雜技團的演出。廣告上特別強調荔園是港九唯一有九大劇場的大眾樂園，園內包羅萬有。（《星島晚報》，1965 年 10 月 13 日）

⑤ 荔園的九大劇場座位逾萬，其中表演魔術的第九劇場節目《科學美人》後來被抨有色情成分，有傷風化，往後被取消。（《新報》，1966 年 10 月 11 日）

①

A Great Chinese Magician
Mr. Charles Cheong

Mr. Charles Cheong — Cheong Po Wah — was born in Nanking in 1924. Since his boyhood he has been very fond of magic and acrobatics, and as he began to grow up, he started learning from a famous artist. Helped by his natural inclination, he very soon became a well-known entertainer.

During the 2nd world war, unperturbed by the prevailing dangers, Mr. Cheong was very active in entertaining people for charitable purposes.

After the war, he came to Hong Kong where he found himself busy: show business was beginning to flourish and, in addition to his professional engagements, he often volunteered to perform for charitable projects.

Early in 1949, in response to invitations from abroad, he spent six years in the theatres of big cities in South America, South Africa and South East Asia, always with great success.

In Autumn, 1954, he returned to Hong Kong and retired temporarily to write a book "Modern Magic" which was sold in aid of the Wah Kiu Yat Po Poor Children Fund Raising Drive. Later on he was engaged as majordomo in St. Francis of Assisi Church where he had also many opportunities for performing in different places to the delight of all.

In 1963 he was invited by the Chinese Women's Association to appear at their banquet in the Peninsula Hotel where he performed in the presence of the Governor Sir Robert Black. Mr. Cheong has had innumerable appearances in recent years.

Mr. Cheong's desire to train future artists was brought to fruition in 1964 with the opening of Charles Cheong's Studio of Variety Arts at 1 Un Chau Street, 2nd floor, Shamshuipo. This Studio offers courses in the Magician's art, in acrobatics, dancing, dramatics, singing, Western music, Chinese music, fine arts, flower-making, photography, knitting, dress-making, and other subjects.

We are grateful to Mr. Charles Cheong who has very kindly volunteered to help us in raising funds for the youth activities of our Association.

Hong Kong Catholic Action Diocesan Committee

中國魔術大師差利張簡介

香港公教進行會教區委員

差利張君，南京人，號寶華，差利乃其藝名也。天資聰穎，品性豪邁，益賦藝術天才，自幼即喜魔幻什技，稍長即從名師學習，舉凡手法門中之顯藏撤運，科學門中之聲光電化，無不精巧過人，身手之妙敏如脫兎，矯若游龍，於是挾一技之長，遍歷大江南北，聲譽日隆。

第二次世界大戰時，張君曾効力慈善團體，共勷義舉、八年來飽嘗艱險。捨己爲人，造福人羣，此種俠義遺風，頁堪敬佩。

勝利後，張君挈眷南下，彼時港中娛樂事業漸趨蓬勃，於是東山復出，爲各社團義務籌欵演出，深得各界人仕一致好評。

第至一九四九年春，應南美，南非，東南亞各大城市戲院邀聘，一去經年，寒暑數易，從此蜚聲海外，望重藝壇，至一九五四年秋滿聘歸來，稍作息勞專事著述「現代魔術」一書，兩應華僑日報救助貧童義賣，後得韓燊懷司鐸賞識，在九龍聖五傷方濟各天主堂任職，得以公餘之暇參加義演供諸同好。年前應聘中國婦女會餐舞會演出，在座嘉賓有前督葛柏立基伉儷在場欣賞，亦稱爲奇妙驚人。查年來張君應聘演出之多，實難以盡悉。

一九六四年，張君爲培養人材起見特斥資自置藝術學院，於九龍元洲街一號三樓。該院內分魔術、什技、舞蹈、戲劇、歌唱、西樂、中樂、美術、揷花、攝影、編織、裁剪等十二科，確替藝術界造福甚鉅。查魔術之技，古今中外何所不有，惟張君能匠心獨運刻意求精，熔中西藝術於一爐，合古人技巧而共冶，故其演出節目精華薈萃卓爾不凡，蓋有由也。今值爲公教進行會籌募基金共勷善舉，謹綴蕪詞特爲介紹耳。（圖左起：若竹、若菊、若蘭、若梅及差利張先生）

荔園

人人歡迎　大眾樂園

差利張大魔術團

陣容鼎盛浩浩蕩蕩由明天起進駐本園

不惜重資　增建多項　遊戲場地　每週更換　新奇節目　整日留連　百看不厭　保證顧客　盡興而歸

①西片場	邊城蕩寇
②粵劇場	鳳閣重開姊妹花
③艷舞場	玫瑰夜夜爲君開
④粵片場	黃飛鴻戲棚伏虎
⑤話劇場	情場勇士
⑥平劇場	得勝回朝　兄妹串戲　徐楊進宮　湯懷自刎
⑦什技場	江氏什技魔術團
⑧歌壇	女子歌壇
⑨魔術	新科學美人

②

① 一份場刊簡介了被譽為中國魔術大師的差利張：「……自幼即喜魔幻雜技，稍長即從名師學習，……身手之妙敏如脫兔，矯若游龍……」。（「香港公教進行會籌募青年活動基金遊藝大會」場刊）

② 差利張魔術團被荔園聘用於 1967 年 2 月 17 日進駐園中劇場演出。（報章廣告，1967 年 2 月 16 日）

③ 1969 年荔園 5 月份上半期及下半期電影映期表背面，分別列了荔園的豐富節目，包括九大劇場的內容。

④ 1969 年荔園 5 月份下半期電影映期表內頁刊載了第一劇場的西方電影及第四劇場的粵劇電影場次，播放影片天天不同。

③ 

荔園

一九六九年五月份上半期電影映期表

動物園
搜羅珍禽異獸

節目豐富

第一劇場——精彩西片
第二劇場——古典粵劇
第三劇場——熱情艷舞
第四劇場——最新粵片
第五劇場——歌唱話劇
第六劇場——標準平劇
第七劇場——什技魔術
第八劇場——女子歌壇
第九劇場——科學美人
機動遊戲——刺激緊張
兒童樂園——多采多姿
溜冰場——健身樂園
中西餐廳——經濟實惠
冷氣舞廳——情調幽美
萬牲園——萬獸之家
保齡球——高尚健身

遠東銀行有限公司

新界區
荃灣分行・遠東銀行大廈
元朗分行・元朗大馬路
上水分行・上水新豐路
大埔分行・大埔廣福路
長洲分行・長洲大新後街

九龍區
旺角分行・彌敦道591號
油蔴地分行・九龍佐敦道
紅磡分行・紅磡九龍城道
九龍城分行・九龍城南角道
青山道分行・九龍青山道

香港區
中區分行・遠東銀行大厦
灣仔分行・灣仔馬師道
香港仔分行・遠東銀行大厦

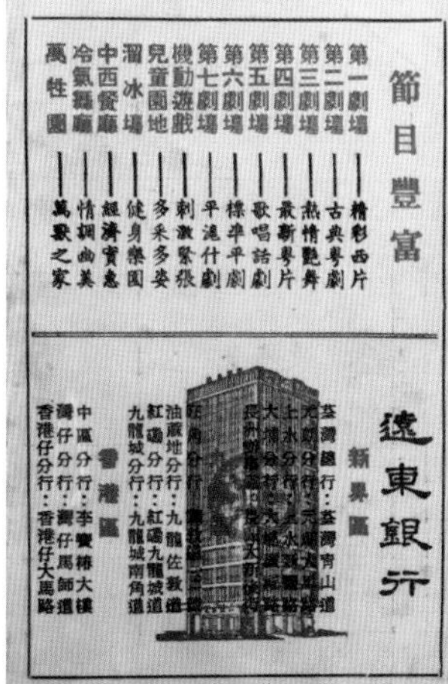

④

荔園第一劇場五月份下半期電影映期表

日期	星期	片 TITLES 名	主演明星
16	六	Black Pirate 黑海盜霸王 (CS) (C)	李嘉度孟德賓 爨信柏拉斯
17	日	The wackiest ship in the army 糊塗艦長少爺兵 (C)	積 林 蒙 曆奇尼路遜
18	一	Gidget goes hawaiian 檀島玉女 (C)	占士達倫 狄波拉華爾
19	二	Murder in the sdot light 影城春光 (CS)	三原葉子 萬里昌代
20	三	Mandarin 杏花溪之戀	嚴 俊 林 黛
21	四	Once more with feeling 歡喜寃家 (CS) (C)	尤伯連納 主 演
22	五	Out cry 意大利游擊戰	臘布路華 主 演
23	六	Sword of the conqueror 霸王寶劍 (CS) (C)	積皮連斯 佳密地信
24	日	Picnic 狂 戀 (CS) (C)	威廉荷頓 金 露 華
25	一	Flesh and soul 風流市場 (CS)	三原葉子 宴 威 路
26	二	The Kentuckian 根州英雄 (CS) (C)	畢蘭加士打 主 演
27	三	The hellions 五 煞 星 (CS) (C)	李 察 鐸 安妮雯波麗
28	四	World of comedy 滑稽大王神經六	夏 勞 哀 主 演
29	五	The horse soldiers 鐵騎英烈傳 (CS) (C)	尊 榮 威 廉 荷 頓
30	六	Red lips 紅 唇	加比范蘭滯 姬絲汀高芙曼
31	日	Sergeants 3 神勇三蛟龍 (VV) (C)	法蘭仙納杜拉 甸 馬 田

（每晚加映英高梅粵語新聞片）

荔園第四劇場五月份下半期粵語電影映期表

日期	星期	片 名	主演明星
16	六	花開富貴錦城春	任劍輝 于素秋
17	日	黑 蜈 蚣 七彩	于素秋 曹達華
18	一	九九九毒天鵝	吳楚帆 羅艷卿
19	二	白骨離魂針 上集	林家聲 于素秋
20	三	白骨離魂針 下集	林家聲 于素秋
21	四	神秘兇殺案	曹達華 林 鳳
22	五	都市兩女性	丁 瑩 林 鳳
23	六	神珠滅妖傳	日本紅星 主 演
24	日	豪 門 怨	苗金鳳 丁 亮
25	一	桂 枝 告 狀	任劍輝 鄧碧雲
26	二	鳳凰山龍虎鬥	吳楚帆 夏 萍
27	三	客 串 夫 妻	林 鳳 胡 楓
28	四	怪俠赤屠龍	關德興 于素秋
29	五	屠龍女三氣粉金剛	關德興 于素秋
30	六	工 廠 皇 后	丁 瑩 張 儀
31	日	千 金 之 女	苗金鳳 江 漢

放映時間：二點半・五點半・七點半・九點半

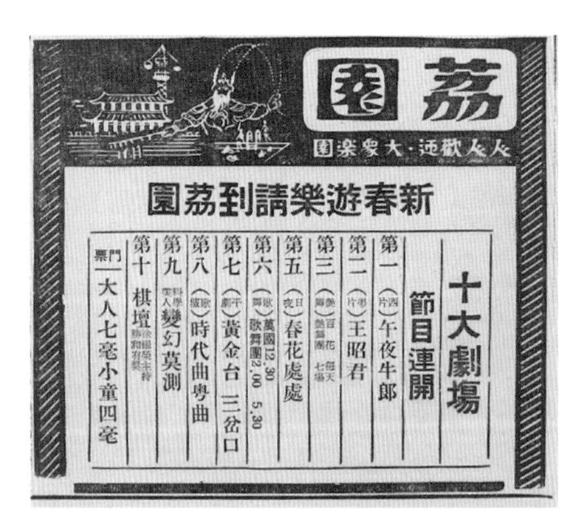

②

①

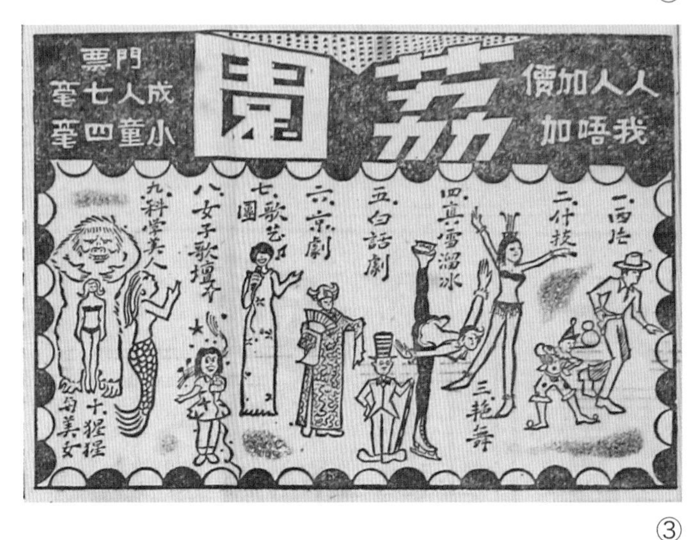

③

荔園
大衆樂園
荔園，荔園，
節目出衆，
人人讚好。
荔園是「歡樂天地」，
也是大衆樂園，
十二大劇場，歡迎欣賞。

④

⑤

① 劇場因應節日或不同情況作調動。1971 年，荔園為響應香港節，加強宣傳第二、第三及第七劇場的陣勢。(《工商日報》，1971 年 12 月 3 日）

② 七十年代初，荔園偶爾會將劇場數目增至十大，其中第十劇場的內容較浮動，有段時期曾經將「棋壇」項目列入劇場節目。(《華僑晚報》，1972 年 2 月 25 日）

③ 這張刊在 1972 年 10 月 15 日《新報》的廣告插圖生動吸引。雖然節目豐富，依然不作加價，右上角強調「人人加價，我唔加」，讓人感覺「抵玩」。(《新報》，1972 年 10 月 15 日）

④ 從 1973 年 12 月 2 日的《香港商報》可見，荔園還推行過十二大劇場，並以此作重點宣傳。(《香港商報》，1973 年 12 月 2 日）

⑤ 第三代荔園依然時有歌舞團以香豔表演作招徠，單是取名「莎樂美艷舞團」、「萬國艷舞團」、「環球艷舞團」便可見一斑。圖中的萬國艷舞團特別標示表演者分別來自韓國、法國、西德等。(《明燈日報》，1971 年 11 月 2 日）

⑥

⑥ 1975 年在荔園正門登上金雲歌藝團的廣告，以「歌唱陣容最強，收費港九最平」作宣傳字句，相信純屬表演歌藝的團體。

⑦ 黑底反白大字「神象在荔園」，加上兩隻神象大耍雜技的實景圖，可見荔園曾出現過動物馬戲表演。(《新晚報》，1975 年 11 月 1 日）

⑧ 荔園不但擴充劇場數目，還不時邀來著名藝人登台，如 1967 年 5 月 25 日刊於《真報》的這張廣告中，提到重金禮聘詼諧紅星西瓜刨獻演。(《真報》，1967 年 5 月 25 日）

⑨ 憑着一副龅牙面相，影星西瓜刨先生在電影中多以諧角示眾，加上其演技精湛老練，未開聲說話已能令觀眾捧腹大笑。

神象在荔園
九隻神象 同時表演
功夫雜技 客串演出
全新節目 與衆不同
票價分成人$4小童$2
時間：每晚七時至九時兩場星期日及公衆假期
加開三點正日場

⑦

第三劇場
重金禮聘
詼諧紅星
西瓜刨
登台獻演

⑧

⑨

①

②

人人歡迎 荔園 大衆樂園

淡水泳池 沖身浴室 全供日應

①西片場	西域風雲 畢蘭加士打	⑤潮劇場	難分父子情
②粵劇場	日 胡不歸 夜 帝女花	⑥平劇場	捉放宿店 大破摩天嶺 蝴蝶夢 大劈棺
③艷舞場	彩鳳雲嫦	⑦什技場	江氏什技魔術團
④西片場	七公主上集 寶珠 芳芳	⑧歌壇 女子歌壇	⑨魔術 科學美人

第七劇場 重金禮聘 電視童星 神童 張圓圓 妹妹 登台表演 古典舞蹈

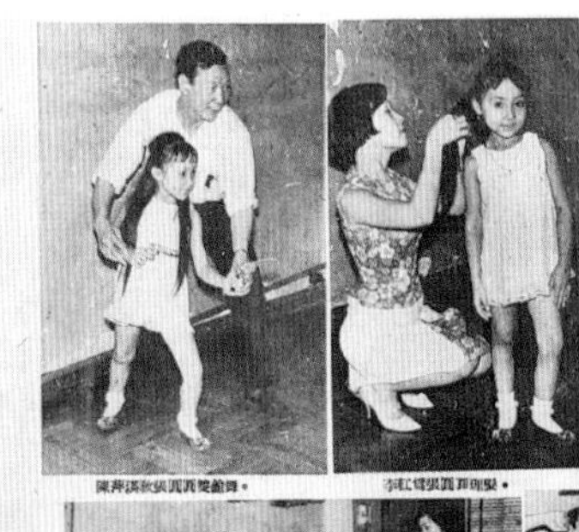

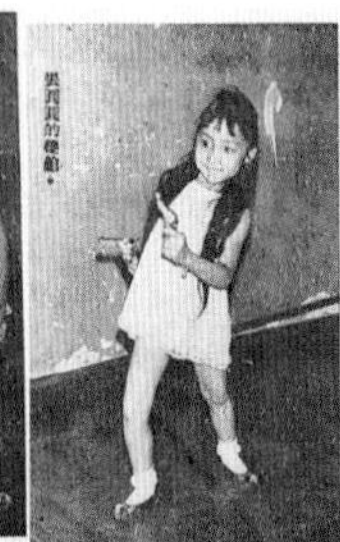

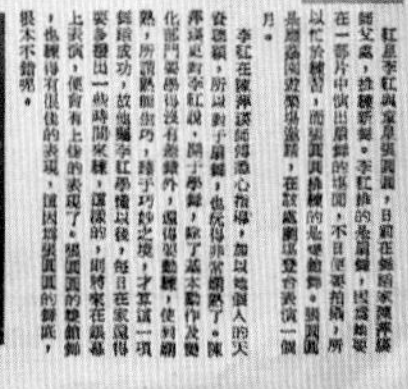

Page 9

④

① 梅艷芳年僅五歲便開始走訪荔園等遊樂場演唱。(《親密愛人梅艷芳紀念特刊》，香港：環球（國際）出版有限公司，2004）

② 廣告底部指出神童張圓圓被荔園重金禮聘於當日在第七劇場登台表演古典舞。(《新報》，1967 年 7 月 9 日）

③ 童星張圓圓（長大後改藝名為張德蘭）為了於 1967 年進駐荔園演出，拜師習藝。報道刊登張小妹妹苦練的情形。(《東方畫報》第 1011 期，1964 年 7 月 7 日）

④ 演出之餘，張圓圓不忘在園中遊玩，被拍攝時還懂得不慌不忙在鏡頭前擺「甫士」呢！(《四海週報》第 31 期，1967 年 8 月 11 至 17 日）

影視作品熱門取景地

除了多位名人曾在荔園登台演出，不少電影、電視劇、訪問，都曾在這個遊樂場中取景，如一九六六年由陳厚、胡燕妮主演的《何日君再來》，一九六七年由陳寶珠、呂奇主演的《花月佳期》，一九六八年由陳寶珠、呂奇主演的《霧美人》，以至一九九八年播映的電視劇《難兄難弟之神探李奇》等等。

另外，荔園亦曾作為日曆、唱片封套以及不同廣告的拍攝地點。

① 1965 年，雜誌《亞洲娛樂》曾在荔園為薛家燕拍攝活動圖片，薛家燕在園內划船、坐升降椅、玩木馬等，可見當年荔園的遊樂設施。（《亞洲娛樂》1 月號，1965 年 1 月）

② 1968 年上映的《霧美人》，由志聯影業有限公司出品，陳寶珠、呂奇主演，在荔園裏拍出情侶騎木馬作樂的場景。（《電影特刊》）

③ 1977 年，影星蕭芳芳在荔園駕小船，替電視週刊拍年曆照。

④ 從這則影星陳娟娟遊荔園的報道，可見當年荔園的旋轉木馬、碰碰車及摩天輪機動設施。（《影星記趣》第 2 期，1960 年）

一九七七年 NOV 十一月　丁巳年十月大　廿六立冬　十二小雪

SUN 星期日	MON 星期一	TUE 星期二	WED 星期三	THU 星期四	FRI 星期五	SAT 星期六
		1 二十日	2 廿一日	3 廿二日	4 廿三日	5 廿四日
6 廿五日	7 廿六日	8 廿七日	9 廿八日	10 廿九日	11 十月初一	12 初二日
13 初三日	14 初四日	15 初五日	16 初六日	17 初七日	18 初八日	19 初九日
20 初十日	21 十一日	22 十二日	23 十三日	24 十四日	25 十五日	26 十六日
27 十七日	28 十八日	29 十九日	30 二十日			

百麗殿舞台前員工棠哥：倉租當人工

棠哥於一九九一年開始在荔園工作，嚴格來説，他是在荔園附屬的百麗殿舞台工作，不過每天上下班都會經荔園進出，而且例必經過「一元大拍賣」廣場。

棠哥的工作是負責百麗殿舞台的音響和技術支援，哪天舞台有表演，哪天便要在場，沒有表演的時候就是自由身。談及當時為何會申請這份工作，棠哥直言，當年荔園在百麗殿舞台推出俄羅斯艷舞團，需要音響方面的技術支援，故走去申請。這個職位並無工資，條件是讓他自由進出，並提供適當空間放置，讓他擺放頗佔地方的音響器材及私人物品，可以説工資就是免倉租。因此他一面在百麗殿舞台工作，一面另找兼職，一做便是六年。

談起百麗殿舞台的艷舞團，棠哥指稱，有關演出最終沒逃過區議員的「法眼」，於一九九二年尾就取消了，後來荔園還間中「偷偷地」上演艷舞或同類的節目，再不敢如此肆無忌憚、明目張膽地舉行。

①

②

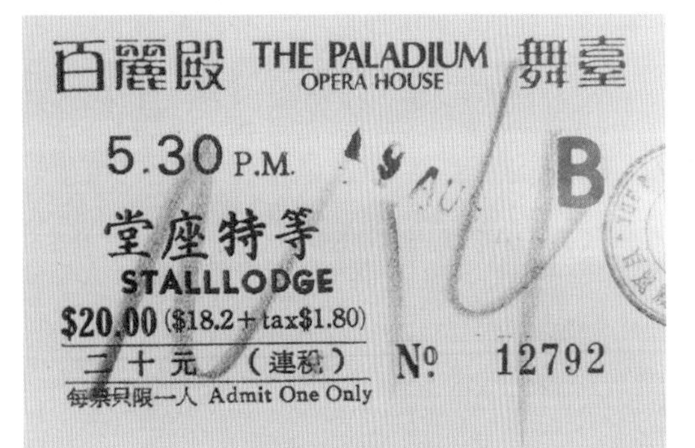

百麗殿 THE PALADIUM OPERA HOUSE 舞臺
5.30 P.M.
B
堂座特等
STALLLODGE
$20.00 ($18.2+tax$1.80)
二十元 （連稅）
№ 12792
每票只限一人 Admit One Only

③

① 棠哥當年進出荔園總會路過無數次的「一元拍賣場」。（圖片來源：吳文正提供）

② 照片中錦秋殿旁靠左的建築物正是百麗殿，同屬遠東集團。

③ 附屬荔園的百麗殿舞台特等門券。

新型機動遊戲

為維持競爭力，邱德根入主荔園後不斷引進新型機動遊戲機，添置歐美新型機動遊戲，如情侶咖啡杯、月球火箭、飛行塔、空中飛箭、新式電油汽車及機動龍虎鬥等。

一九六五年，荔園宣稱機動遊戲數量達至六十餘種，一九七三年更推出宣稱「忽然爬高，突然衝下，左右急轉，緊張刺激」的過山車。除了各種帶來刺激感的玩意，也有較大眾化的機動遊戲，如寶寶車、輕鬆的單軌車和寫意的蜜月花車。邱德根甚至在接手之初，開闢兒童汽車場，場內不但提供多架蚊型汽車，更設有斑馬線、紅綠燈，強調能讓小朋友在玩樂之餘，認識交通知識，印證邱氏在遊樂設施的佈置上，不忘「寓教育於娛樂」的理念。

海洋公園開幕後，荔園為了保持競爭力，於一九八三至八五年，繼續推陳出新，期間推出聲稱全港獨有的天旋地轉「八爪魚」、帶給人前所未有離心刺激的海盜船。此外，還有小飛象、子彈車、歡樂輪、太空車、穿梭機、寶寶車、碰碰船、星際機、火箭炮、高卡方程式賽車等新型機動遊戲，以至鬼域、古怪幻象屋、宇宙沖天船等。

至於讓不少人印象深刻的恐龍屋，則於一九八一年開幕，內裏設有暴龍、劍龍、三角龍等模型和壁畫，配合聲效，擬真效果出眾。門外的巨大綠色恐龍塑像，體形龐大，曾嚇怕不少孩子，成為不少港人的集體回憶。

工展會「遊樂城」一角（上圖）
（本報攝）

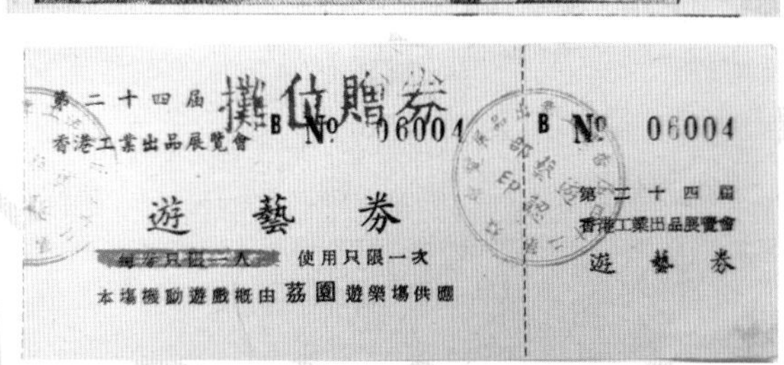

① 荔園在邱德根入主後，新添多款歐美新型機動遊戲，如圖中小孩子旁的「月球火箭」。當年荔園負責 1966 年第 24 屆工展會場內的「遊樂城」，圖中小孩正在遊樂城內留影。左後方能看到荔園的盾牌射手標記。

② 荔園在第 24 屆工展會場內新闢「遊樂城」，計有種種新奇有趣的攤位及機動遊戲，如月球火箭、摩天輪、旋轉木馬、射擊遊戲等。（《大公報》，1966 年 12 月 6 日）

③ 第 24 屆香港工業出品展覽會攤位遊藝贈券，贈券底部清楚印上場內所有機動遊戲均由荔園供應。

①

②

荔園

① 1960 年代的情侶咖啡杯，無論跟情人還是家人、朋友玩，坐在杯裏隨音樂旋轉，同樣溫馨有趣。

② 廣告中央只有一幅實景圖，可見遊人正排隊試玩機動遊戲「太空衛星」。整個畫面的說明文字不多，但圖能生義，已可收宣傳之效。(《天天日報》，1972 年 3 月 9 日)

③ 荔園的兩座圓形摩天輪，攝於 1972 年。摩天輪可說是每個遊樂場的必備項目，在荔園的時間亦相當長久，在第二代荔園時以「飛艇」為名。(上圖圖片來源：《四海周刊》，1967 年 2 月 10 日)

③

「太空衛星」機身常被用作「廣告板」。荔園就曾將「可口可樂」的樽裝影像、「雪碧」汽水的名字印在「太空衛星」遊戲機身上。

荔園
最新貢獻
過山車到了！
忽然爬高，突然衝下！
左右急轉，緊張刺激！
試過便知確係過癮。

慶祝聖誕營業時間
延長至晚上12時正

荔園聖誕週

荔園在全球所有遊樂場中最早為您慶祝聖誕！

今明後連續三天
聖誕老人派糖果
憑票贈送士賓高糖・人人有份・送完爲止

萬眾歡騰・普天同賀聖誕
娛樂世界・精華盡集荔園
歡度佳節・何必捨近圖遠

最新火箭船
趕急裝妥應節
有膽請參加
有膽可玩溜冰

music sounds best TOMLEE
More FILTER CIGARETTES 120mm

① 除了機動遊戲機身，荔園四周也會印有不同品牌的宣傳廣告圖。圖中的建築物牆身便印上屈臣氏鮮橙汁及屈臣氏哥喇汽水廣告 。(圖片來源：劉智聰提供)

② 除了圖像廣告，荔園還放置了樽裝汽水巨型雕塑，供遊人拍照留念之餘，亦收宣傳之效。

③ 1974 年的報章報道了荔園新推出的過山車，電視周刊也曾拍下當時過山車的照片。(報章廣告，1974 年 1 月 21 日)

④ 1976 年，荔園增設火箭船，表示是為了慶祝聖誕週而趕急裝妥應節。為了響應這個普天同慶的日子，荔園除延長營業時間至晚上十二時正，還憑票送贈士賓高糖。(《新晚報》，1976 年 12 月 25 日)

①

②

荔園遊樂場
遠東機構
荃灣遊樂場
萬家翹企今宵現
千呼萬喚始出來
神秘寶洞
每位一元
全部電氣化
工程六足月
耗資二十萬
粵片場 天山龍鳳劍
西片場 坦克大決戰
粵劇場 夜明珠
魔術場 江氏什技團
諧劇場 口舌招龍
歌壇 女子歌壇
粵劇場
加強陣容
黃嘉漢 朱影虹 梁劍峯 金倩翹 新廖俠懷 盧洪光 李嘉龍 李錦帆
即日隆重登台演出

③

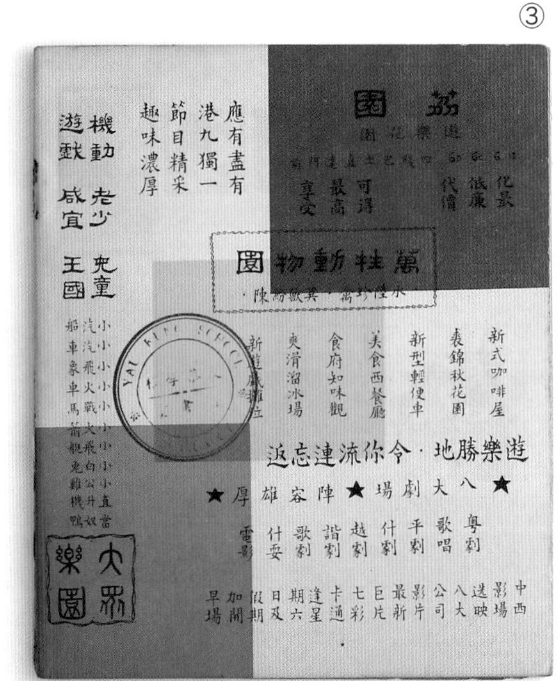
荔園
遊樂花園
可得最高享受
萬牲動物園
應有盡有
港九獨一
節目精采
趣味濃厚
機動遊戲
老少咸宜
兒童王國
新式咖啡屋
衷錦秋花園
新型輕便車
美食西餐廳
食府知味觀
爽滑溜冰場
新遊戲攤位
遊樂勝地·令你流連忘返
★八大劇場★陣容雄厚★
粵劇 歌唱 平劇 什劇 越劇 諧劇 歌劇 什耍 電影
中西影場選映八大公司影片最新巨片七彩卡通逢星期六日及假期加開早場
大眾樂園

荔園
「車」多眼亂！
碰碰車……硬撞！
寶寶車……幼稚！
單軌車……輕鬆！
過山車……刺激！
蜜月花車……寫意！
荔園集車之大成
歡迎各界試車！
其樂無窮！
溜冰場

④

⑤

⑥

⑦

⑧

① 1950 年代已出現的怪屋，在荔園守候數十載，名稱在第三代荔園時已改為「神秘寶洞」。參與者可坐上單軌車，穿行陰森詭異的鬼屋，路上隨時會有「鬼怪」彈出嚇你一驚。

② 廣告強調「神秘寶洞」耗資 20 萬港元，共花六個月時間完成，內部裝置全部電氣化。(《新報》，1969 年 5 月 3 日)

③ 荔園的遊樂設施五花八門，有刺激的，也有非常適合小朋友的選擇，當中有些更富教育意義。1965 年 1 月 1 日出版的《兒童樂園》內頁廣告，可見頁面左方以兒童王國為主題，宣傳了多樣設施，包括小汽船、小汽車、小飛象、小火車、小戰馬、小火箭、小飛艇、小白兔、小公雞、直升機、當奴鴨，引證邱氏接手的遊樂場理念 —— 要為兒童打造一個真正的樂園。

④ 1970 年代，荔園出現一個以「車」字命名的機動遊戲作賣點的報章廣告，計有碰碰車、寶寶車、單軌車、過山車及蜜月花車，務求集車之大成，令參與者樂而忘返。(《華僑晚報》，1974 年 6 月 5 日)

⑤ 從「車」多眼亂的宣傳廣告內容得知，「蜜月花車」為當中一款舒適、寫意的大眾化玩意。(《工商日報》，1969 年 6 月 18 日)

⑥ 坐在蜜月花車上感覺愜意，大多數參與者玩罷都捨不得離開。

⑦ 獅子造型的寶寶車，一家三口都可一起坐，一起玩，盡享家庭樂。

⑧ 位於荔園歌廳前的兒童寶寶車場。

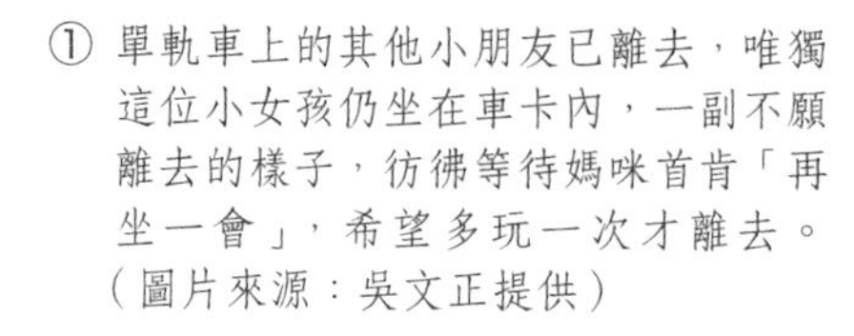

① 單軌車上的其他小朋友已離去，唯獨這位小女孩仍坐在車卡內，一副不願離去的樣子，彷彿等待媽咪首肯「再坐一會」，希望多玩一次才離去。（圖片來源：吳文正提供）

② 1960 年代設計簡單的碰碰車單人票。

③ 荔園的碰碰車分為「大碰碰」和「小碰碰」，陳寶珠駕着的正是大碰碰。

④「小碰碰」與「大碰碰」都以天線連接頭頂的銅板取電，車場中少不了金屬相互磨擦而生的臭氣，但「小碰碰」在外形上有趣得多，大家像「騎」着不同的「動物」出巡。（圖片來源：吳文正提供）

⑥

⑤

⑤ 這是 1950 年代的叮叮船，船身印上簡單幾個圓點，形制上加設防曬頂篷，與後期八九十年代時期的效果大相徑庭。讓你回到過去，你又會選哪一款？

⑥ 叮叮船也是很多小朋友到荔園必玩的機動遊戲，坐船時除了可以手執方向盤扮小船長，還可敲敲附設的小鐘，看這張約於 1965 年拍攝下的叮叮船照：我們一起敲響它吧！

⑦ 這張照片攝於 1980 年代，在叮叮船上獨樂樂也是一種滋味。從照片可見，其他小朋友已經玩罷離開，唯獨這位小哥還捨不得走。背後則可看到在荔園中甚具代表性的白箭香口膠造型廣告板。

⑧ 當年在正門舉頭四望，便能看到「子彈車」經過，彷彿在跟遊人招手，令人感到親切。「子彈車」是單軌架空列車，坐上它能輕鬆繞園一周，俯瞰荔園設施和環境。（圖片來源：梁球提供）

⑧

⑦

②

①

③ 1987 年，歌星陳慧嫻《變變變》專輯的唱片封套及宣傳內頁均在當年的荔園取景拍攝，其中封面可看到她坐上旋轉木馬。旋轉木馬跟摩天輪一樣，也是荔園以至每個遊樂場的經典玩意，在第二代荔園時稱「飛馬」，至八十年代的平面圖可見其改名為「幸運大馬」。(《變變變》專輯，1987 年，由寶麗金唱片公司出品)

① 在荔園的多種機動遊戲中，「幸運大馬」常被用作取景地點或宣傳賣點。(《天天日報》，1972 年 3 月 5 日)

② 1986 年，懸掛式的鷹嘜煉奶鐵牌廣告印上荔園的招牌旋轉木馬「幸運大馬」作招徠，彷彿風馬牛不相及，卻能看到這項經典機動玩意的號召力和代表性。

③

④ 1960 年代，寶珠姐也來湊熱鬧，騎上荔園一款原地搖晃的木馬。

⑤ 此類投幣搖擺機還有其他造型，如火車、飛機等，各適其適。當中可一人獨享，亦可兄弟姊妹齊齊玩樂，倍感溫馨。（部分圖片來源：（右上）吳文正、（右下）吳彩虹、（左下）Gloria Chow）

④

⑤

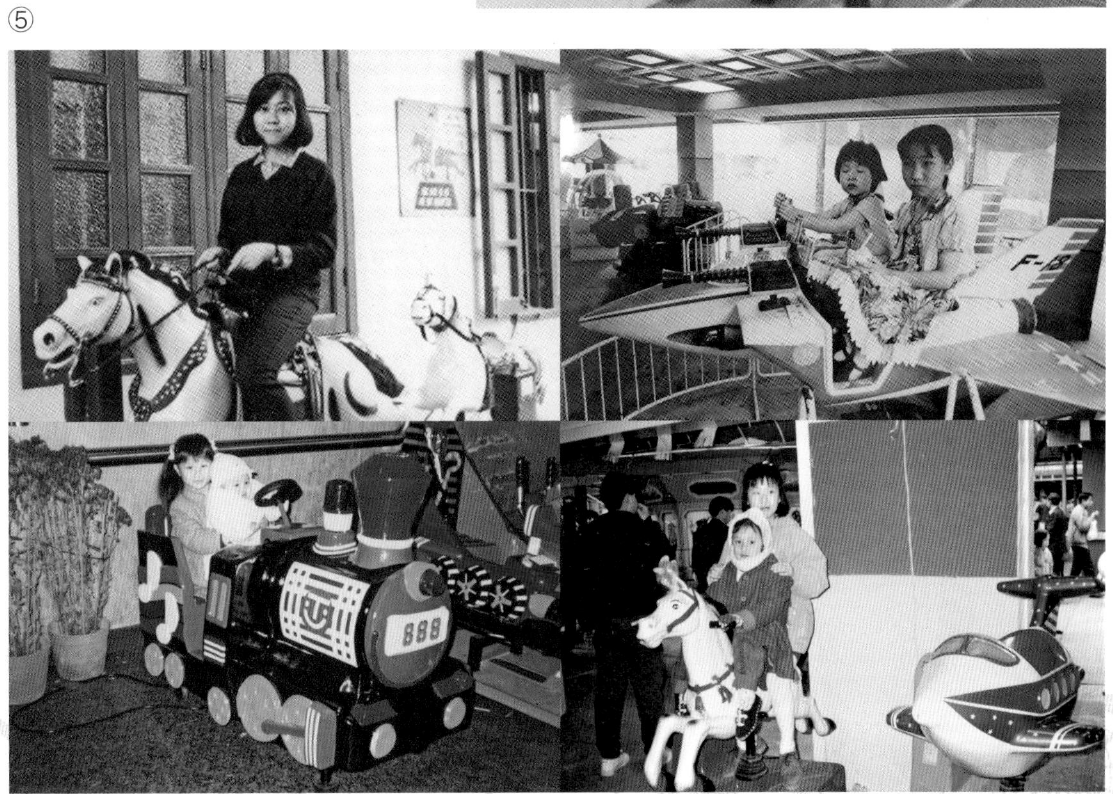

① 1983 年，荔園以「今日新荔園，帶動潮流轉」為口號，聲稱耗資千萬，進行三十三週年全面大革新，推出當時全港獨有的八爪魚，以至能帶來強大離心力的海盜船。（《成報》，1983 年 8 月 7 日）

② 同以「今日新荔園，帶動潮流轉」作宣傳字句的露天廣告板，除介紹八爪魚和海盜船，更重點宣傳了穿梭機、小飛象和歡樂輪，可見這些都是荔園當年進行革新時的重點宣傳項目。

①

②

③

④

③ 八十年代名為「歡樂輪」的新版咖啡杯機動遊戲主體呈半球形，隨着音樂的節拍，球體會進行自轉和公轉。

④ 對照宣傳廣告上所繪的圖像以及另一張實照宣傳卡的照片，「穿梭車」應該就是八十年代荔園推動革新時重點宣傳的一款「穿梭機」，可能曾經改名。

⑤ 當年一連推出多款新潮、刺激的機動遊戲。從宣傳版面的設計安排，不難發現鑽石外形的穿梭機是當中的最大賣點。（《電視周刊》內頁廣告，1984 年）

⑤

今日新荔園・帶動潮流轉

荔園

海盜船 寶寶車 歡樂輪 子彈車

太空車 八爪魚 小飛象 穿梭機

①

①1988年，荔園因應龍年，引進意大利的過山車，命名為「過山飛龍」。當時還推出了二十八種遊玩設施任玩套票吸引市民進園。（《東方日報》，1988年2月20日，廖信光提供）

②「過山飛龍」以威風凜凜的龍做外型設計，玩法刺激，確實「有姿勢，有實際」。

③海盜船於1983至1985年間在荔園設立，時間上稍後於海洋公園的同類遊戲，但亦足見荔園在面對競爭壓力時，仍積極進取，迎難而上，希望藉着推陳出新爭回多一點客源。（圖片來源：吳文正提供）

②

③

①

① 1980 年代另一款宣傳咭，印有當時熱門的六種機動遊戲，包括穿梭機、小飛象、太空車、海盜船、八爪魚、寶寶車。

② 攝於 1980 年代的荔園小飛象機動遊戲，但照片中的小飛象設計跟上圖的宣傳圖不同，可能曾在後來換過款式，玩法則同樣是在半空升高或降落，如像天上飛翔。

②

③

③ 看，能坐上這款充滿童話色彩的小飛象，哪怕只在半空搖搖晃晃轉兩個小圈，小女孩已感到非常滿足。

從這個角度抬頭望上去，「沖天宇宙船」的驚險刺激程度絕不遜色於同期的「海盜船」。
（圖片來源：吳文正提供）

① 荔園的機動遊戲眾多，這張券後面同樣重點宣傳六款機動遊戲，並為每種遊戲創作了一句用字生動且字數一樣的宣傳語。憑券可免費玩其中一款。

② 荔園在1980年代推出的一套六款宣傳閃咭，以「機動戰士」為名目招徠，包括「越野賽車」、「沖天宇宙船」、「古怪幻象屋」、「過山飛龍」、「碰碰船」、「大馬」。

荔園六款新機顯特色

穿梭機 類似迷宮搜秘車車轉
太空車 猶如空中競步紮紮跳
小飛象 看似飛象摔角陀陀轉
寶寶車 夢如小寶開車蹦蹦跳
八爪魚 恰似漫遊太空氹氹轉
海盜船 仿如心臟離體卜卜跳

憑此券可免費玩上述任何一款新機動遊戲

①

②

③

④

③ 1994 年推出的荔園入場優惠券，票面圖案以「沖天宇宙船」及「古怪幻象屋」作重點宣傳。「古怪幻象屋」可是哈哈鏡的舊酒新瓶。

④ 1980 年代中後期，園中曾加建三塊不同類型的「哈哈鏡」，經過的遊人總會情不自禁停下腳步，在鏡前扮扮鬼臉，樂個半天。看，圖中的小朋友多開心，像對着「哈哈鏡」後面拉長了身子的爸媽說：「我又高咗啦！」（圖片來源：吳文正提供）

①

① 小女孩坐在荔園於 1980 年代後期加建的「太空飛船」上。從她望向前方的眼神，彷彿在催促手執相機拍攝的媽媽：「飛船要開了，快按下快門啊。」照片背面可看到真雪溜冰場的正門，右方相信是恐龍屋正門前的恐龍像。

（圖片來源：吳彩虹提供）

② 圖中的玩意俗稱「波波池」，正名叫「巨蛙莊」，看小朋友把彩色塑膠球拋進巨蛙口中多高興。

②

③ 遊園人士與心儀的三角龍拍照留念。

（圖片來源：梁球提供）

④ 1981 年，恐龍屋開幕，內裏設有暴龍、劍龍、三角龍等模型和壁畫，門外則豎立一巨大恐龍塑像。恐龍屋旁原本屬於「真雪溜冰場」，在圖中卻為「越野賽車」取代，「飄雪樂園」亦未興建，故拍攝年份估計在 1991 年，即「飄雪樂園」尚未建成之時。（圖片來源：吳文正提供）

③

④

船仔

每人$10

(只限兒童)

恐龍屋

每人$12

憑票入場

珍寶機

每人$7

(只限兒童)

珍宝機

每人$10

(憑票入場)

(只限兒童)

從這批機動遊戲木牌的粗糙情況、種類及售票銀碼，相信這個時期的荔園已經踏入八十年代尾、九十年代初，但圖案和文字均為手繪，製作手法原始質樸，令人懷念。

攤位遊戲

荔園的攤位遊戲同樣多姿多彩，有例必想一試身手的拋階磚，還有拋蛋糕球、鐳射激光槍、賽馬遊戲、幸運孖寶、拋籐圈、擲彩虹、大轉鴻運、幸運百寶機、奪寶奇兵、對色波等。其中跟拋階磚遊戲彷彿連體嬰孩一樣的白箭香口膠（後期改為綠箭），更成為提起荔園都會自然聯想起的重要標記。

當年只要行近拋階磚遊戲，就會看到一白箭香口膠巨型板塊雕塑高高懸掛在攤位上方，盡收宣傳之效；再者，當大家的錢幣僥倖沒有擲界，成功落在階磚上，就會得到兩排白箭香口膠作為獎賞，大家自自然然便把這兩者聯想在一起。有段時期大家經常掛在口邊說：「假如爆谷等於戲院，白箭就係荔園。」由此可知，白箭香口膠在遊人心目中的份量可不少啊！

①

②

① 進入園內，總逃不過白箭攤位的魔力，會自動走去親一親這個「老朋友」。拋階磚遊戲直至荔園在 1997 年結業前仍深受歡迎，攤位頭頂有段時間常懸掛着白箭香口膠巨型板塊雕塑，討好的綠白色調讓人印象深刻。

② 荔園的週年紀念禮物也常離不開這支「箭」，圖為荔園十四週年（1964 年）的紀念品，同時出現白箭和射手標記。

① 白箭香口膠是到過荔園不可不提的經典回憶。白箭香口膠作為合作商戶，廣告亦喜以荔園作背景場地。（圖片來源：廖信光提供）

②「大轉鴻運」是屬於八十年代的新玩意。攤位高掛着的牌子寫着「每次 2 元，即中即獎」，讓人一試運氣，是個頗受進園者歡迎的博彩遊戲。當大家決定了將錢幣放在遊戲板某一色格內，工作人員隨即推動轉軸，整個遊戲便宣告開始；此時圍觀者總會高呼助慶，好快便將遊戲推至高潮。最後，中獎者固然興奮，然而圍觀者和落敗者亦享受呼叫的過程，樂上半天呢！（圖片來源：吳文正提供）

③ 圖為八十年代的「幸運輪」遊戲券，遊戲玩法與「大轉鴻運」無異，背景圖案正是「大轉鴻運」由色格砌成的輪狀平面圖，只是換了個名目而已！

①

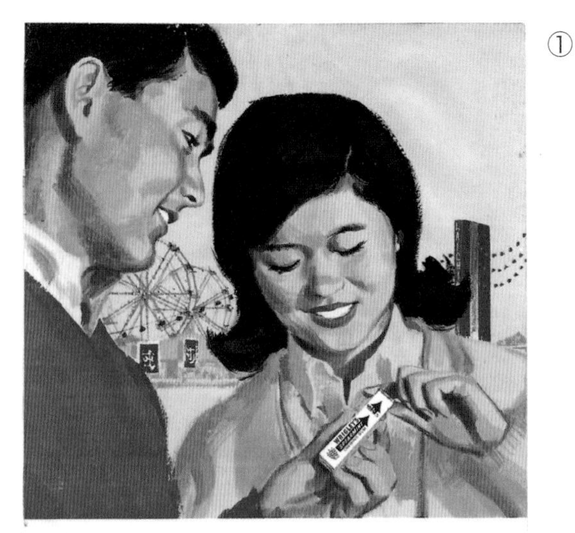

②

②

③

荔園遊樂場　№ 2156

幸運輪遊戲券

凡惠顧餐廳、購機動遊戲券每滿 5 元及玩攤位遊戲中獎者均可獲贈幸運輪遊戲券一張，持有 5 張可免費參加荔園幸運輪遊戲。

★ 有效日期：12－7－84至2－9－84（逾期作廢）

真雪溜冰場及飄雪樂園

香港第一個真雪溜冰場於一九七二年一月正式揭幕，由行政局首席非官守議員羅理基爵士主持開幕禮。該溜冰場為邱德根在劇場原址改建，耗資近二百萬，宣傳為東南亞最大的真雪溜冰場。廣告標語寫上「鍛煉體魄最有益身心運動，在妙曼旋律中倍增娛樂性」，又稱具「南國天氣，北國風味」；為優待遊客，首兩小時收費五元，其後每小時收費二元，場內亦加設餐廳。

②

①

謹訂公曆一九七二年八月二十三日（星期三）下午六時正爲本溜冰場舉行開幕典禮恭請
首席行政局非官守議員
羅理基爵士蒞臨主持開幕儀式
敬請屆時
貢臨指導　曷勝榮藉
荔園眞雪溜冰場敬約

③

作為香港唯一並首創的真雪溜冰場，由溜冰皇后黃屏主理，同時設有課程，報讀四堂的花式訓練班連同入場費共一百二十元，雖然所費不菲，也吸引不少溜冰愛好者蜂擁而至。真雪溜冰場在七十年代廣告無數，可視為當時荔園的主打項目之一。

一九九一年，真雪溜冰場結束營業，原本的位置改建成「飄雪樂園」，開幕時依舊引起一番哄動。雖說園內飄的是人造雪，但雪花飄落的景象也十分逼真和漂亮。

荔園
真雪溜冰場
ICE SKATING RINK
耗資二百萬
東南亞最大
欲享溜冰之樂
無須遠渡重洋
經已開幕
港九首創 必然轟動 高級設備 氣派豪華

④

⑤

⑥

① 這是六十年代影星李琳琳小姐在錦秋殿旁的露天雪屐場留影。當時會將踩雪屐說成溜冰，故一般將雪屐場說成溜冰場。直至 1972 年，荔園有了真正的溜冰場，才加上「真雪」二字，以茲識別。

② 第二代荔園的溜冰臨時教練證，但其實是硬地雪屐教練，只不過以「溜冰」二字替代，看起來比較高尚。

③ 千呼萬喚，真雪溜冰場在 1972 年 8 月 23 日正式開幕。為隆重其事，荔園當日邀請了時任首席行政局非官守議員羅理基爵士主持開幕儀式。(《天天日報》，1972 年 8 月 23 日)

④ 啟德遊樂場於 1965 年開幕，相信對荔園造成一定壓力。荔園在 1972 年增設真雪溜冰場，宣稱耗資二百萬港元，為東南亞最大的真雪溜冰場。(《華僑晚報》，1972 年 8 月 24 日)

⑤ 真雪溜冰場的內部面貌。

⑥ 圖中兩位健兒穿上溜冰鞋在真雪上滑行，姿勢矯捷，相信事前已交了不少學費才有這般身手呢！(周刊雜誌彩圖，1997 年 3 月)

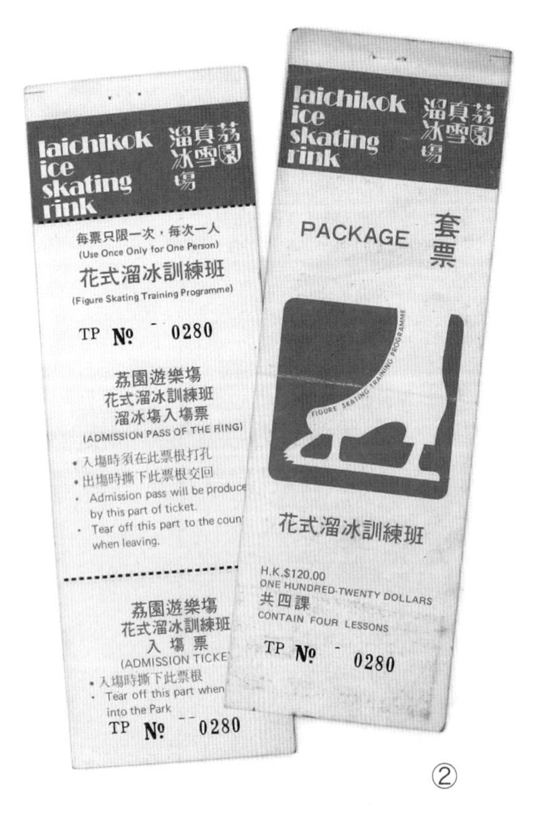

②

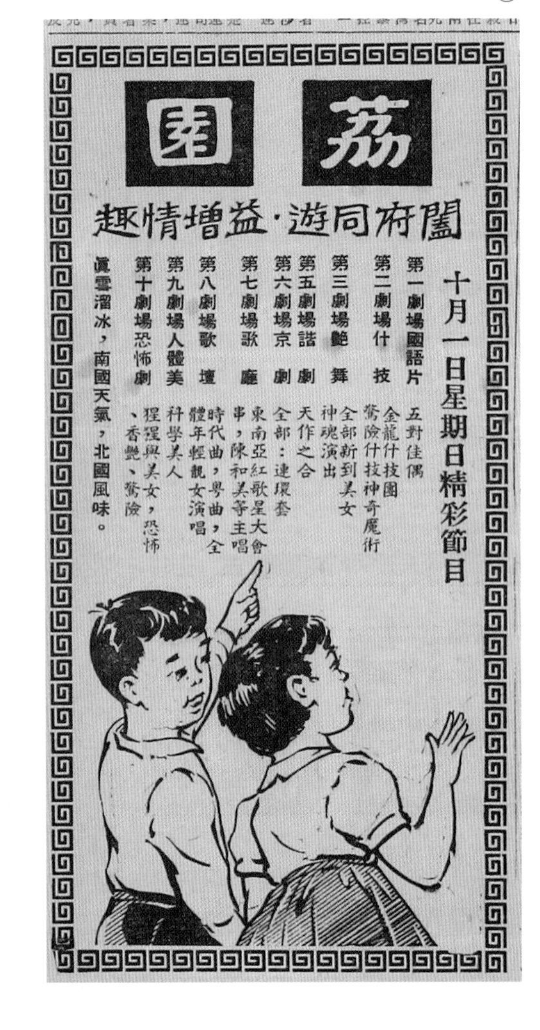

①

③

① 廣告中除見十大劇場的詳細內容，特別介紹了該年開幕的真雪溜冰場有「南國天氣，北國風味」。（《新晚報》，1972 年 10 月 1 日）

② 真雪溜冰場花式溜冰訓練班套票，120 元四堂，以香港七十年代初的生活指數而言，確實是一項頗為奢侈的玩意。

③ 真雪溜冰場內加設附冷氣的餐廳，進食者能舒服地欣賞美妙的溜冰姿勢。（《香港時報》，1975 年 5 月 24 日）

⑤

⑥

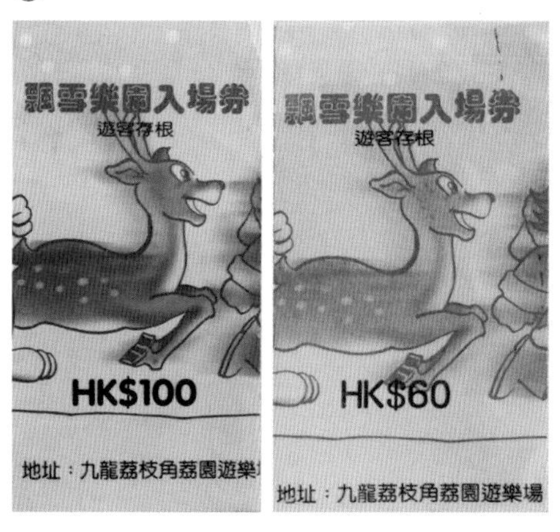

④

⑦

④ 真雪溜冰場在 1991 年結業，後改建「飄雪樂園」。圖中恐龍屋旁邊的真雪溜冰場已經拆去，變成「飄雪樂園」，故拍攝年份正是「飄雪樂園」開幕後的 1991 年或之後的事。

⑤ 1991 年，飄雪樂園開設後，兩張不同時期的荔園入場票存根，均以傳統雪人圖案作裝飾。

⑥ 1990 年代飄雪樂園的成人入場票價為 100 港元，小童入場票價為 60 港元。（圖片來源：劉歷奇提供）

⑦ 1991 年開幕的飄雪樂園入口處。到訪過飄雪樂園的朋友，一定不會忘記進場前須穿上重甸甸的外套。（《新報》，1997 年 2 月 27 日）

錦秋殿

一九六五年一月二十九日，新闢紅牆綠瓦、小橋流水的錦秋花園，是邱德根為紀念亡妻裘錦秋空難離世而建成的幽雅園子。包括主建築「錦秋殿」，外貌金碧輝煌、巍峨雄偉，二樓設露天雅座，聘請名廚主理正宗京菜。園內則花木迎春、九曲橋下淙淙流水、詩意盡顯。開幕當晚由荃灣理民府韋忠信長官主持。

荔園增設錦秋花園後，添上幾分雅致。另外，荔園不少表演節目也會選址在古意盎然的錦秋花園舉行，如《龍虎門》真人版功夫表演、《老夫子與大番薯》真人版諧劇表演等等。

一九六五年一月廿九日 星期五 明燈日報 夏曆甲辰年十二月廿七日 （第四版）

佔地卅萬呎

荔園

錦秋殿

擁有七大劇場
節目日日更換

畫棟雕樑
巍峨雄偉
金碧輝煌
氣象萬千

謹訂於一九六五年一月廿九日下午七時半爲本園錦秋殿建築落成敦請荃灣理民府韋忠信長官主持揭幕敬請光臨曷勝榮藉

荔園遊樂花園有限公司敬約

酒會時間：下午七時半
（恕不另柬）

正宗京菜 御厨主理

宮殿飲宴 若帝王家

開幕誌慶

①

②

① 1964 年 6 月 20 日，第三代荔園掌舵手邱德根的愛妻空難身亡，邱氏為紀念愛妻裘錦秋，於翌年新闢錦秋花園及錦秋殿。(《明燈日報》，1965 年 1 月 29 日，廖信光提供）

② 六十年代古色古香的錦秋園。

③ 1967 年，錦秋殿二樓茶座開放，還舉辦「錦秋殿」填色比賽，得獎者除能獲得禮品，頒獎禮還會有電影明星主持。另外，荔園於同年併入遠東機構，往後在報章上刊登的荔園廣告，往往會掛上遠東機構的名稱。(《真報》，1967 年 5 月 25 日）

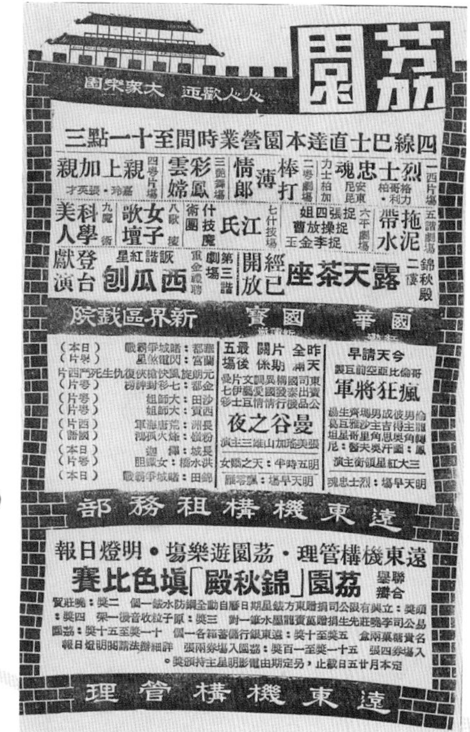

③

①

②

① 紅牆綠瓦的錦秋殿旁有「風調雨順」牌坊。照片中還可清晰看到前方的雪屐場。

② 被譽為本地最長壽的連環漫畫《龍虎門》，由黃玉郎創刊於 1975 年，書中主角王小虎等是當時青少年朋友心目中的偶像英雄。1976 年 4 月，荔園曾誠邀一班龍虎武師扮成漫畫中的角色，在錦秋殿廣場表演中國功夫，大打北派功夫和派發禮物。

荔園當年經常會派發各種禮物給入園者，增加賣點。如表演當日亦適逢是「兒童週」，廣告中列出了不同日期贈送的禮物，以飲料為主，如玉泉、七喜、可口可樂等，另有得力素糖。（《香港商報》，1976 年 4 月 5 日）

七十年代的荔園經常在園內設置得力素糖果攤位。

③ 從荔園門外拍攝，中式的牌坊和城牆，容易被誤以為是創建於1979年的宋城。

④ 1965年，被譽為「娃娃影后」的邵氏女星李菁偕眾演員到荔園錦秋殿廣場參與當紅漫畫《老夫子與大番薯》真人版節目表演，演出風趣諧劇、歌唱，也有抽獎活動。同日荔園還舉辦攝影比賽作品展覽和年青人之夜，活動豐富。

⑤ 香港邵氏（兄弟）電影有限公司與荔園在1975年聯合舉辦《中國超人遊荔園》活動，《中國超人》乃1976年由香港邵氏（兄弟）電影有限公司炮製的一部電影。當天有邵氏紅星李修賢、劉蕙茹等穿着《中國超人》服裝，跟一眾演員「怪獸」到錦秋殿廣場與小朋友拍照、抽獎、送贈幪面超人公仔及《中國超人》電影戲票，更有青年樂隊Sundance演唱歐西流行歌曲。（《新晚報》，1975年7月25日）

③

④

⑤

中國超人遊荔園

荔園遊樂場·邵氏（兄弟）電影有限公司
聯合舉辦「中國超人遊荔園」。

時間：1975年7月26日（星期六）下午三點開始
地點：荔園錦秋殿廣場
節目：邵氏紅星李修賢、劉蕙茹等穿著「中國超人」服裝及各怪獸到荔園與小朋友拍照。抽獎贈送幪面超人公仔及「中國超人」電影戲票。屆時並由SUNDANCE青年樂隊演唱歐西流行歌曲助慶。
（歡迎闔府遊荔園）

小西湖

小西湖，號稱「小西湖三十景」，在六十年代與錦秋花園同期興建，屬全港首創。小西湖佔地數萬尺，宣稱將杭州西湖的景色濃縮成三十個，供遊人賞玩。

小西湖整個佈局刻意經營，舉凡西湖的名勝古蹟，無不包攬，如三潭印月、月老祠、西泠橋、蘇小墓、靈隱寺、杏花村、飛來峰、靈隱大佛、清河坊、淨慈寺、運木古井、雷峰塔、岳廟、宋鄂王墓、虎跑寺、秋瑾革命女士墓、斷橋、濟公活佛、湖濱公園等三十個景點，統統再現小園中，西子湖縮影可謂盡收眼底，處身其中，令人發古幽思。另有九溪十八澗之銀瀑四濺，水流淙淙，樹木婆娑，花香撲鼻，園林之勝，與大觀園不遑多讓。

小西湖也作為表演及展覽場地，曾先後舉辦「小西湖明星園遊大會」、「菊花展覽」等，吸引了不少遊人觀看。

①

① 小西湖三十景裏的靈隱大佛。

② 小西湖的岳廟紀念南宋名將岳飛，能看到其忠肝義膽之逸事。

③ 小西湖的斷橋（右）、西泠橋（左），營造出小橋流水的古意。

②

③

①

②

① 斜頂瓦面下的四個古體字「柳浪聞鶯」，正是小西湖三十景之一。

② 1973 年 11 月，小西湖舉辦菊花展覽會，每天吸引近十萬人進場，據云隊伍龍尾排至美孚新邨。

③ 1966 年 5 月 15 日，為響應《華僑日報》救童助學運動，荔園舉辦「小西湖明星園遊大會」，慈善券連入場費每張二元，這一盛事由影星張仲文和曹達華主持。小西湖為慈善攝影主場，另有陳斗、謝潔玉表演國術，中國戲劇學院于占元領導七小福作戲裝表演，以及志達健身院一眾教練表演肌肉控制。同日下午有多位粵語及國語片紅星出場，並設幸運抽獎。(《華僑日報》，1966 年 5 月 15 日)

④ 當年《華僑日報》發起「救童助學運動」，以不同形式向社會各界進行募捐，為的是希望讓貧苦的適齡孩童能夠上學，並接受應有的教育。(《華僑日報》「救童助學運動」往來書信，1964 年 7 月 21 日)

九龍荔園遊樂場響應
華僑日報救童助學運動
舉辦「小西湖明星園遊大會」

敬請國粵語紅伶紅星數十位參加造像其他節目十餘項多姿多彩
日期：五月十五日（星期日）中午十二時至六時
券價：慈善券每張弍元（包括荔園入場）請保持票尾舉行明星幸運抽獎
地點：九龍荔枝角「荔園」小西湖內

售券處：
（一）華僑日報（荷李活道一一〇號）
（二）華僑日報中區辦事處（域多利皇后街十四號）
（三）荃灣遠東銀行總行
（四）遠東銀行中區分行（李寶椿大廈）
（五）遠東銀行灣仔分行（灣仔馬師道）
（六）遠東銀行油蔴地分行（九龍佐敦道）
（七）遠東銀行紅磡分行（九龍[illegible]）
（八）遠東銀行旺角分行（九龍彌敦道[illegible]）
（九）遠東銀行香港仔分行（香港仔大道[illegible]）
（十）遠東銀行青山道分行（深水埗青山道）
（十一）國華戲院（紅磡馬頭圍道）
（十二）麗寶戲院（九龍新蒲崗）
（十三）愛雪影音攝影公司（恒昌大厦）
（十四）適時服裝公司（希慎道廿號）

△敬請善長仁翁到上述地址購券，使善款可期，為下一代造福。

③

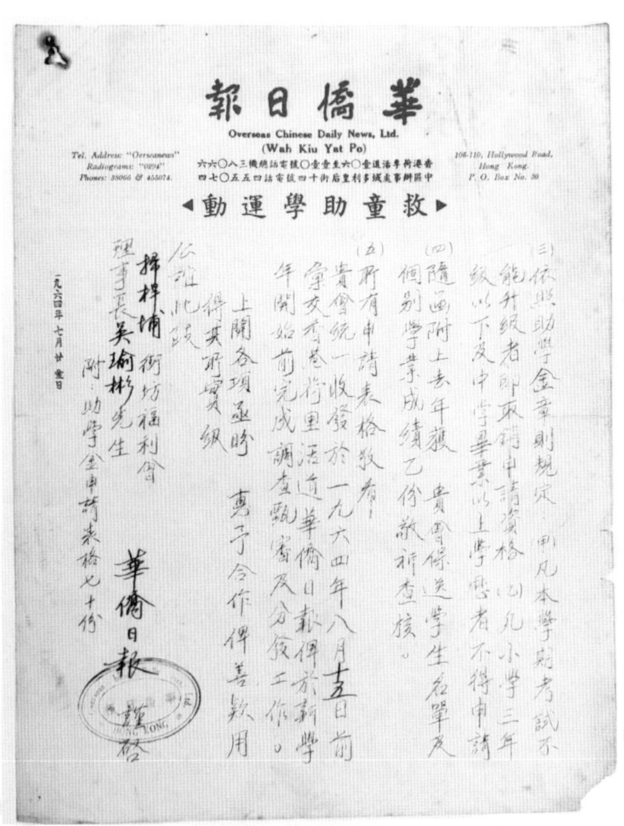

華僑日報
Overseas Chinese Daily News, Ltd.
(Wah Kiu Yat Po)

Tel. Address: "Overseanews"
Radiograms: "0294"
Phones: 38066 & 455074.

香港荷李活道壹壹〇至壹壹六號 電話總機三八〇六六
中區辦事處威多利皇后街十四號 電話四五五〇七四

106-110, Hollywood Road, Hong Kong.
P. O. Box No. 50

◀救童助學運動▶

(三)依照助學金章則規定，(甲)凡本學期考試不能升級者即取銷申請資格，(乙)凡小學三年級以下及中學畢業以上學生者不得申請。
(四)隨函附上去年獲 貴會保送學生名單及個別學業成績乙份，敬祈查核。
(五)所有申請表格敬希 貴會統一收發，於一九六四年八月十五日前彙交荷李活道華僑日報，俾於新學年開始前完成調查甄審及分發工作。
上開各項亟盼 惠予合作，俾善款用得其所，實紉公誼。此致
掃桿埔街坊福利會
理事長吳瑜彬先生
附：助學金申請表格七十份
華僑日報謹啟
一九六四年七月廿一日

④

宋城

宋城於一九七九年六月十六日開幕，六月二十三日正式開放予遊客進場。這是荔園為了迎戰於一九七七年開業的香港海洋公園而建，佔地五萬五千立方尺，耗資近一千五百萬港元，前後花了近四年時間搭成。宋城位於劇場地區，以「清明上河圖」為藍本，力求將宋代京城的繁華和熱鬧景象重塑眼前。

城內共有十四幢式樣不同的亭台樓閣，城中最主要的建築為「豐樂樓」，樓高三層，每層面積為五千平方呎，地下一層作蠟像館；第二層用作酒樓，最高層則是宋城最高之處，可供遊人俯瞰整個宋城景色。

宋城的一大賣點，是佔地極廣、耗資港幣三百多萬元、籌建超過三年的「宋邨蠟像館」。該蠟像館被譽為當時世界上第一個有系統的中國歷史蠟像館，展出共六十八位對中國政治及文化有重大影響的歷史人物，通過

荔園在劇場區原地建宋城，宣稱耗資逾千萬元，於 1979 年 6 月正式開放，高聳的塔成為宋城的標記。（圖片來源：劉歷奇提供）

這些人物的形象，可看到中國各個時代的縮影。

為了營造時空穿梭的體驗，遊人在宋城必須以仿古錢幣進行交易，噱頭十足。當年香港旅遊協會將宋城與海洋公園、食街和珍寶海鮮舫四處地方同時列為「讓遊客多呆一日」的遊覽計劃，足見其已成為香港旅遊地標，地位不凡。

① 《宋城指南》背面介紹了城內各式各樣的事物，計有宜春酒寮、糖果糕餅店、扇店、劉家香店、大婚儀式、猴子技藝表演、雜技、河畔及蠟像館。

② 「宋城」以北宋畫家張擇端繪畫的《清明上河圖》為藍本，給外國遊客免費取閱的《宋城指南》，指南正面引載了《清明上河圖》的局部畫作。

①

②

①

① 宋城的正門入口（圖片來源：劉歷奇提供）

② 一份介紹宋城的宣傳單張中，可清晰看到宋城的一條街及「市」容。傳單以英文寫成，針對外國遊客印製。

③ 明信片印有了宋城的茶寮、河畔、糕餅店及沁春園，區內由建築到工作人員的裝扮都古色古香，讓遊客錯覺置身古代。

④ 另一張明信片可見宋城裏玩雜耍的猴子、巡行中的仿宋代婚禮、王家羅錦匹帛舖，遊客也可在園內品嚐宋朝美食，或到豐樂樓欣賞優美的宋代音樂。

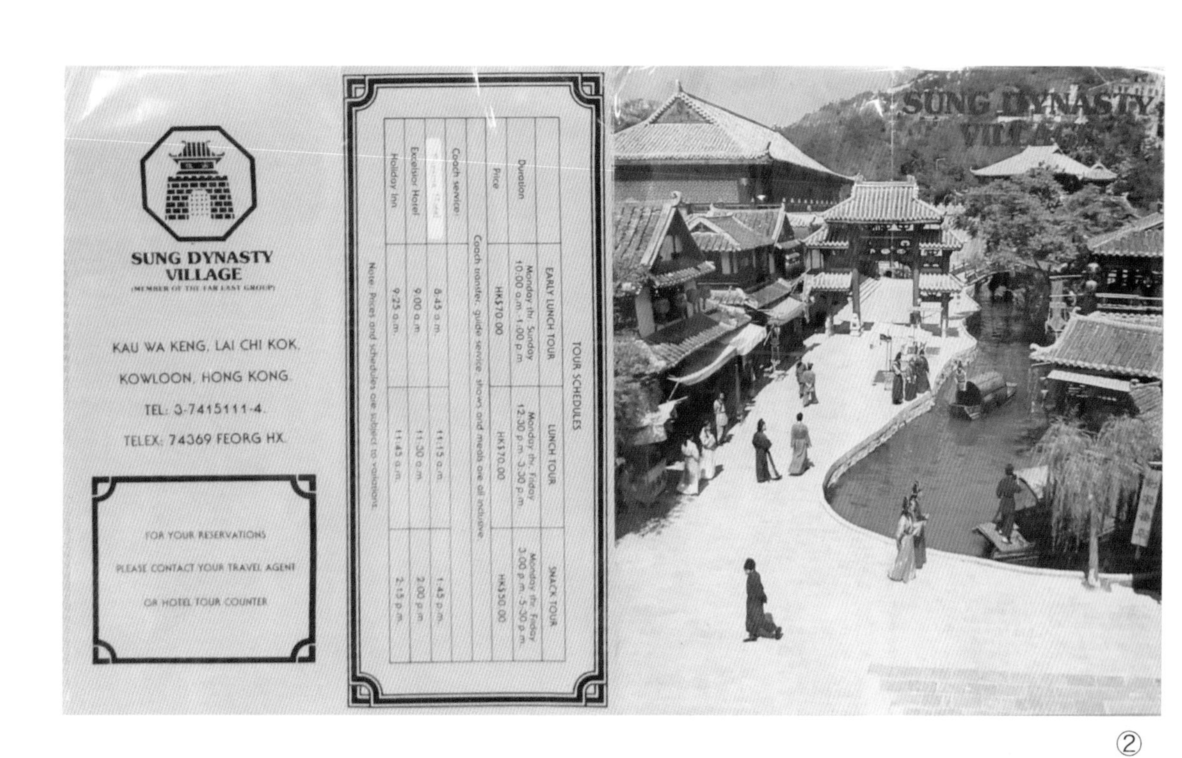
SUNG DYNASTY
VILLAGE
(MEMBER OF THE FAR EAST GROUP)
KAU WA KENG, LAI CHI KOK,
KOWLOON, HONG KONG.
TEL: 3-7415111-4.
TELEX: 74369 FEORG HX.
FOR YOUR RESERVATIONS
PLEASE CONTACT YOUR TRAVEL AGENT
OR HOTEL TOUR COUNTER
TOUR SCHEDULES
EARLY LUNCH TOUR
LUNCH TOUR
SNACK TOUR
Duration
Monday thr. Sunday 10.00 a.m.-1.00 p.m.
Monday thr. Friday 12.30 p.m.-3.30 p.m.
Monday thr. Friday 3.00 p.m.-5.30 p.m.
Price
HK$70.00
HK$70.00
HK$50.00
Coach transfer, guide service, shows and meals are all inclusive
Coach service:
8.45 a.m.
11.15 a.m.
1.45 p.m.
Excelsior Hotel
9.00 a.m.
11.30 a.m.
2.00 p.m.
Holiday Inn
9.25 a.m.
11.45 a.m.
2.15 p.m.
Note: Prices and schedules are subject to variations.
SUNG DYNASTY
VILLAGE

②

SUNG DYNASTY
VILLAGE
SUNG DYNASTY
VILLAGE

③

④

①

②

③

① 用作紀念品發售的幻燈片上，印有仿宋朝嫁娶儀式的巡遊隊伍、穿着宋朝裝束的畫扇者、傳統雜耍表演。走過了虹橋就是雜耍表演的指定場所。

② 宋邨被喻為當年世界上第一個有系統的中國歷史蠟像館。該館建於宋城內，佔地面積六千多平方英尺，耗資港幣三百多萬元，籌建超過三年，展出共六十八位對中國政治及文化有重大影響的歷史人物。(圖片來源：廖信光提供)

③ 一張明信片印有宋邨內的一組蠟像人物：楚霸王（左）、項莊（中）及漢高祖（右）。

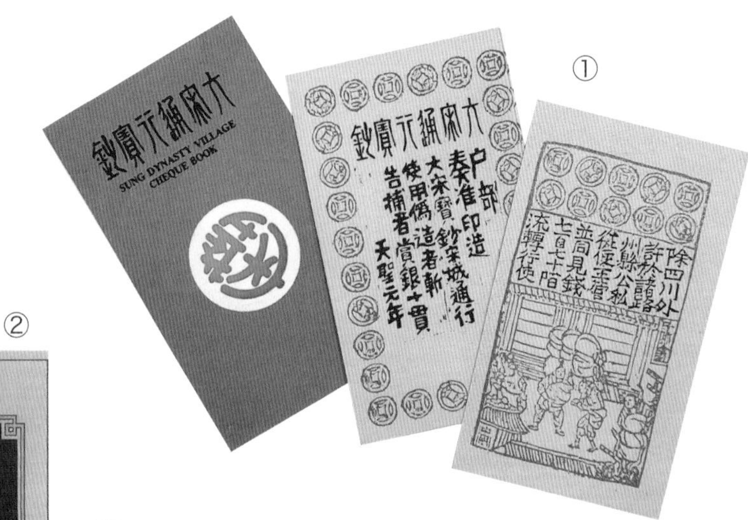

①

②

宋城西湖燈會

展出地點：宋城
售票處：宋城售票處及各稿稿時裝門市部
展出日期：八二年二月六日至廿八日

西湖燈會
現宋城

查詢電話：3·7415111
由廣東米酒及十全大補酒贊助
SUNG DYNASTY VILLAGE

宋城．賓得相機聯合主辦「宋城西湖花燈攝影比賽」

特別獎一名： 雙人桂林五天直航團 （由中國旅行社送出）	亞軍一名： 「賓得」ME Super 相機及配件 共值2,410元	優異五十名： 各得「金石」111QS－34B石英錶一隻 共值9,000元
冠軍一名： 「賓得」LX專業相機及配件 共值4,650元	季軍一名： 「賓得」K1000相機及配件 共值1,560元	入選十名： 各得「賓得」文件公事喼一個 共值1,500元

詳情及章程請閱各大報章攝影版，或電3-341341，3-7415111查詢。

③

④

① 圖為宋代流通貨幣的仿製品。據說當年在宋城紀念品區內購物，遊客須以這類代幣進行交易。

② 為慶祝新春元宵佳節，在宋城舉辦西湖燈會，由廣東米酒及十全大補酒贊助，並與賓得相機聯合主辦「宋城西湖花燈攝影比賽」，設獎項數十名，獎品豐富並名貴。（《香港周刊》，第 111 期，1982 年 2 月 5 日。廖信光提供）

③ 1979 年的香港小姐冠軍鄭文雅在宋城扮演新娘子。（《名人雜誌》，第 4 期，1980 年 8 月）

④ 一張拍下香港電車的明信片上，可見車身印有宋城的宣傳廣告，以文字為主，卻收宣傳之效。（圖片來源：劉歷奇提供）

宋城前員工 Kimmy：穿古裝「玩」足兩個月

Kimmy 在一九八〇年的暑假，剛讀完大二，從報章廣告得知荔園宋城招聘暑期工，覺得有趣便獨個兒見工，結果成功獲聘。她當時在荔園宋城當暑期工，任職紀念品售賣員兩個月，向遊人推銷一些富中國傳統特色的小禮物，特別是外來遊客，印象中有玉石盆景。

由於工作時需要配合園內環境，穿上古裝工作，天熱時容易出汗，但 Kimmy 指感覺好玩，不會計較。當時一星期需上班六天，每天提供一餐免費午膳，工作時段大約從早上九時到晚上七時，月薪只有五百元，但當年覺得在宋城的「古裝街」建設很講究和認真，上班很新鮮，因此整個暑假都很開心，「玩」足兩個月。

那時每天遊人都以旅行團的形式前來參觀，整體來說不算頻密，一天約三團，還嫌有點疏落。整條街的裝潢就如宋城的明信片或宣傳單張上的介紹無大分別，古式婚嫁巡遊、豐樂樓前的雜技表演、雀仔算命、畫紙扇、彩虹書法的書寫等都是每天的指定項目。起初宋城內的一切對一個少年來說都非常新鮮和特別，像進入大觀園一般，習慣了很快便覺得很平常。

在宋城內負責帶團的導遊小姐。

問及 Kimmy 對宋城偏向服務外國旅客為主的看法。她認為，荔園建宋城未能充份令本地人受惠，這是事實，但從另一角度想，在商言商，荔園需要爭取多元遊人，單單吸納本地客源，未免不足。其實，荔園此舉的目的非常鮮明，為的是要爭回它一直疏忽的外地遊客，使外地和本地客源達至某個比率而已。

①

③

②

宋城
SUNG DYNASTY VILLAGE
3:00 p.m.–5:00 p.m.
成人港幣拾伍圓正 Adult: HK $ 15
每券祇限壹人 Admit one only

① 用來將小禮物打包給遊客並印上「宋城」二字的包裝紙。

② 宋城入場券上蓋有的年份，剛好是 Kimmy 在宋城店舖做了兩個月售貨員暑期工的同一年。

③ 1980 年宋城的成人入場票價為 15 元，然而這張 1986 年的入門票票價已漲至 30 元，在六年間剛好翻倍了！

影相板

荔園內設有千奇百趣、情境不一的影相板，供遊人站在後方拍照，留下難忘回憶。六十年代的影相木板，多以中國歷史人物、風俗或事件作主題。到了八十年代，影相木板的內容出現明顯變化，有太空科幻的、趣怪的、卡通化的、活潑的，甚至加進不少西方元素。

屬於六十年代的影相板典型照，只要走到木板後方，即可化身為古代將軍，策馬横槍，非常威風。

影相板的圖案各有特色，除可獨照外，部分還預設了一高一矮的影相組合，讓大人小孩同樂。（右下圖片來源：黃景燕提供）

荔園開幕以來，不時因應節慶推出不同的活動和宣傳，第三代荔園主理人邱德根尤其非常重視中國傳統禮節，因此每逢節日，例如春節、端午節、七夕、中秋等，旗下荔園例必有一番慶祝及宣傳活動，例如加設各種表演，大派禮物、調整票價，甚至延長荔園開放時間等。除此之外，像聖誕節、兒童節等，荔園也會因應節日推出相應活動，現在就來看看荔園在不同節日裏，如何跟進園者歡度佳節。

春節

①

③

②

① 1962 年，荔園春節活動的主要賣點是「掌中木偶戲」及「韓國舞蹈歌舞團」，加上「港台紅星大會串」的鋼鐵陣容，令整個新春活動氣氛生色不少。（報章廣告，1962 年 2 月）

② 1967 年荔園的一項新春優惠是恢復入園門票原價，大人價七毫、小童三毫。（《真報》，1967 年 2 月 21 日）

③ 1972 年的初四及初五，一連兩日不停放送十大劇場，務使遊人在春節闔府到園，賓至如歸。（《天天日報》，1972 年 2 月 18 日）

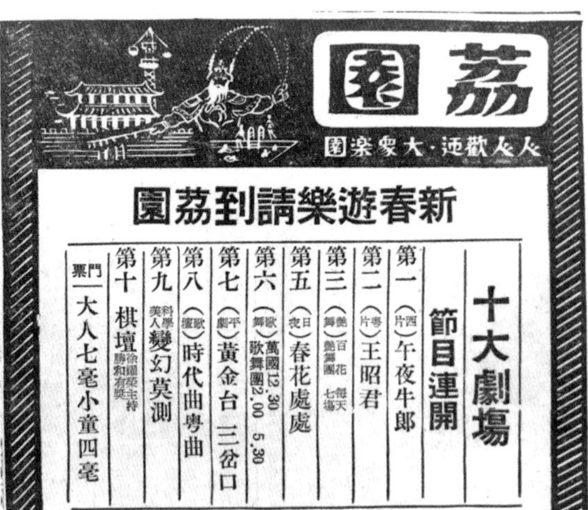

①

③

②

④

① 為了滿足遊人的期望，荔園於是年新春檔期，開足十大劇場，惠及大眾。（《華僑晚報》，1972 年 2 月 25 日）

② 財神大派利是及舞獅助慶，無疑是春節的最佳賣點，加上十大劇場陣容，相信能吸引遊客進園共度佳節。（《晶報》，1973 年 2 月 2 日）

③「迎兔年、行好運」的字句雖屬普通，沒有太大新意，然而好意頭的祝賀語，人人都愛聽。（《天天日報》，1975 年 2 月 16 日）

④「豬八戒搶親圖」獨佔廣告下半部位置，相信是當年宋城的重點春節節目。除此之外，初一至初七期間還加設特備節目「歡樂迎春」、「哪咤鬧東海」、「北獅」及「程氏 —— 風鈴表演」。（報章廣告，1983 年 2 月）

⑤

⑥

⑦

⑤ 從廣告可見，荔園沒有因春節而加價，還延長開放時間、加設免費接送旅遊巴，這些都是進園者樂見。廣告正中央以紅底黑白字印上「恭喜發財」祝賀語，令單調的版面增添幾許節慶氣息。（報章廣告，1983 年 2 月）

⑥ 宋城開幕後，1980 年代初期的荔園春節活動經常在這裏舉行。1983 年，華人風俗促進會有限公司和香港旅遊協會就在這裏舉辦「歌舞綵燈賀新春」，設有多項特備節目。從廣告可見，除有宋城作為特別贊助機構，還有邱德根入主並作為執行董事兼主席的亞洲電視。（報章廣告，1983 年 2 月）

⑦ 是次荔園春節的慶祝主打項目是「迎春花會展覽」，並指全場展品由中國花園供應，另設免費旅遊巴接送。（報章廣告，1983 年 2 月）

元宵節

⑧

⑧ 上元佳節（又稱元宵節）推出「醒獅提燈巡遊」、「金龍雜技表演」及「歌星大會串」。此外，各劇場還加開日場，並安排「卡通片」日場，同時滿足大人及小孩子。（《天天日報》，1972 年 2 月 29 日）

兒童節

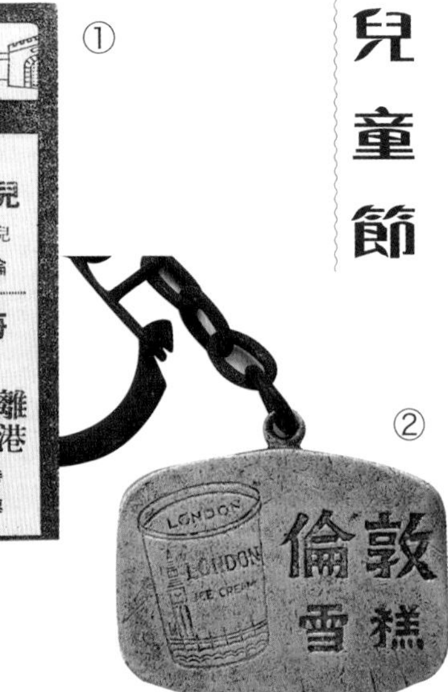

荔園

慶祝兒童週

今天贈送得力素糖果
人人有份・永不落空

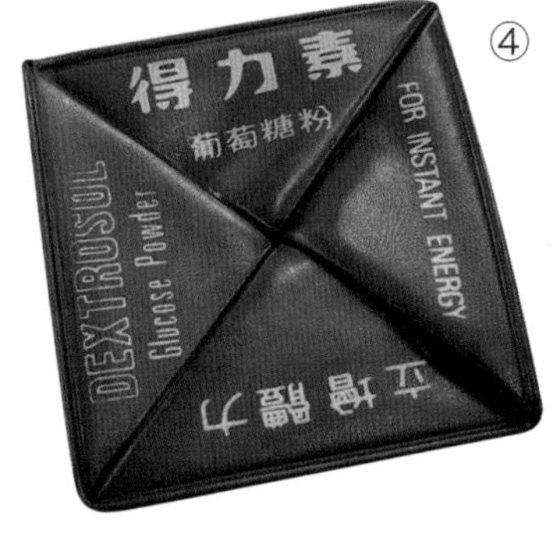

① 荔園在兒童節舉辦尋寶遊戲，並送贈倫敦雪糕給每位入園的兒童，相信小朋友收到都如圖中漫畫人物般笑不攏咀。（報章廣告，1972 年 4 月）

② 當年倫敦雪糕公司送給獲獎者的紀念匙扣。

③ 得力素糖果公司當年與荔園公司合作無間，經常在園中設臨時攤檔或不同形式的贊助，圖中廣告指荔園為慶祝兒童節送得力素糖果正是一例。（《香港時報》，1974 年 4 月 1 日）

④ 這款得力素錢包相信是該公司當年在荔園擺設攤位的獲獎紀念品。

⑤ 1976 年，《世界兒童畫報》與荔園公司聯合慶祝兒童節，讀者按問題答對期數號碼，即可獲豐富獎品。（《世界兒童畫報》，1976 年 4 月號）

⑥ 荔園與《華僑日報》讀者七海旅行團等為慶祝兒童節，聯合舉辦「俏巴喇兒童歡樂遊」，節目包括俏巴喇表演歌舞、麥當勞叔叔魔術表演、在荔園摩天輪上玩樂、幸運抽獎等，還送贈兒童禮物，與入園者共度美好時刻。（《華僑日報》，1976 年 3 月 26 日）

⑦「荔園鐵甲超人大揭祕！」圖中鐵甲超人彷彿從復活蛋破殼而出，並聲稱加插遊歷恐龍屋、與超人在太空輪大戰等。為了逗遊人開心，活動期間更大送禮物，廣告下列出多個禮品贊助商。（報章廣告，1982 年 4 月）

⑧ 去年復活節的「荔園鐵甲超人大揭祕」活動想必成績美滿，1983 年復活節期間推出七呎高的黑霸王一號，可與大人小朋友交談及拍照。這非但是大朋友眼中的機械戰士，更是當年小朋友的大英雄。（《電視日報》，1983 年 4 月 2 日）

⑨ 單看震撼性的八字大標題「汽車過腹奇技大觀」，就足以吸引大小朋友進園觀賞。（《大眾電視》，1985 年 3 月）

⑥

復活節

⑧

荔園復活節
精采又親切

⑨

汽車過腹
奇技大觀

⑦

荔園
鐵甲超人
大揭祕

端午節

①

今天慶度端陽

荔枝角荔園

舉行游泳表演

① 慶度端陽，當然要隆重其事了！這是第一代主理人石鐘山任內舉辦的最後一個佳節活動。除了邀請幸運游泳隊全體隊員作泳術表演，還有即將接手的張軍光連同高嶺梅在園中聯合舉行攝影展覽，地點安排在剛建成的水上舞廳內。（《星島日報》，1950 年 6 月 19 日）

② 廣告上半部以「端午節嘉年華會」的橫向標題為焦點，十分悅目。標題下放上一位中國傳統戲曲的武生照，並由多位當時得令的紅星伴隨。廣告簡單說明是次活動以唱戲曲為主調，群星適逢端陽佳節，向進園者獻藝，務求將歡樂帶給大家。（《新晚報》，1975 年 6 月 13 日）

③ 荔園在 1975 年的七夕，舉辦名為「新潮牛郎會織女」的歌唱節目，由蜚聲國際、享譽盛名的藝海新聲綜合歌唱團領導，費用全免。廣告配圖頗見特色，顛覆了傳統牛郎雀橋會織女的風格，相信是次新潮活動會為一班年青朋友帶來不一樣的娛樂。（《新晚報》，1975 年 8 月 13 日）

②

中秋節

荔枝角游樂場

中秋佳節

大放烟花

燃放烟花要目

地點：荔枝角游樂場

時間：今晚八時

巴士載客延長至十一時

④

七夕

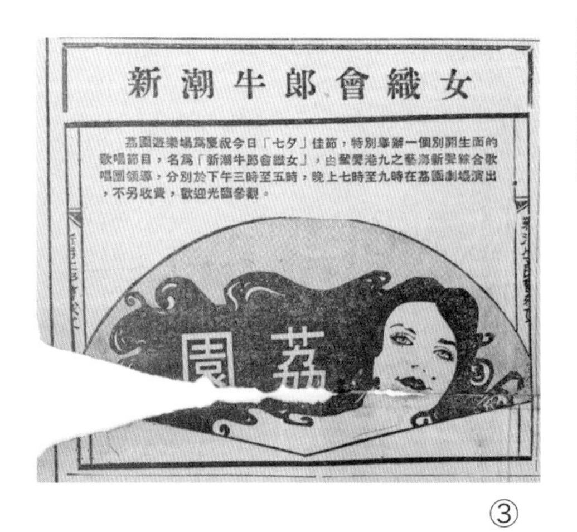

③

⑥

荔園
普天同慶，月團圓！
舉杯邀明月
及時行樂，人生幾何？
安排節目，歡渡佳節！

⑤

花燈唔駛買 荔園有得派
荔園
十月四日晚上八時開始
毛毛、甜甜、怪獸與你
在荔園見面，歡渡中秋
大派花燈，人人有份。
十月五日晚上八至九時
舉辦中秋晚會，有魔術
什技、流行歌曲演唱。
白箭牌香口膠・國際琴行贊助
真雪溜冰 全港獨一 中秋賞月，乘坐摩天輪；泛舟人工湖，別具特色

⑦

水月光中・雲間笑語・人在蓬萊
宋城
中秋節賞月晚會
在古色古香的宋城慶賀中秋，欣賞城內大批古代燈籠和各項應節的歌舞雜技表演，當為人生一大樂事。
日　期：十月四、五、六日（星期四、五、六）
時　間：晚上八時至十一時
費　用：每位$30（小童$20）
包括中式自助餐和多項特別節目
購票地點：香港德輔道中116號遠東銀行大廈四樓
香港太子行地下詢問處
九龍星光行地下詢問處
宋城及荔園門外售票處
詢問電話：3-7415111　名額有限　請速購票

④ 這次是第一代荔園主理人石鐘山先生在荔枝角酒店時期舉辦的第一個中秋佳節活動。從廣告的説明，有幾點頗值得注意 —— 廣告年份顯示活動舉行時，荔枝園還未開幕，地點卻在荔枝園，而荔枝角酒店已改變性質，命名為遊樂場，主理人亦同是荔枝園的石鐘山，所以容我將這份酒店時期的佳節活動在這裏一併交代。當晚遊樂場以放大大小小、不同形式的煙花作招徠，最觸目和窩心的要算那款「日本仔投降記」煙花，因為此時正好是二次大戰日本投降兩年後的日子，相信中華兒女聽到該煙花的名稱無不雀躍歡呼呢！（《華僑日報》，1947 年 9 月 29 日）

⑤「花燈唔駛買，荔園有得派」。荔園除派花燈外，一連兩晚均舉辦中秋晚會，有魔術、雜技及流行歌演唱，以娛樂進園的大眾。然而何解整個廣告版面下方只見機動遊戲配圖，卻未見花燈或半點中秋節的氣息？（1970 年代報章廣告）

⑥ 剪報上寫「舉杯邀明月　普天同慶，月團圓」。縱然標題只有寥寥十二字，卻響亮帶出節日訊息，加上活潑小孩提燈的插圖，令中秋佳節增添幾許歡樂。（《香港時報》，1973 年 9 月 11 日）

⑦ 在宋城開幕的同一年，荔園舉辦「宋城中秋賞月晚會」，會上掛上大批古代燈籠，當然也少不了應節的雜耍及歌舞，惠及遊人。（香港報章，1979 年 10 月）

聖誕節

①

②

③

④

① 為慶賀一年一度的聖誕節，荔園除送出嘉頓糖果給每位入園的小朋友，還特別加開日間劇場。此外，廣告還指出當天特設合家歡的巴基坦魔術師作現場表演。(《工商晚報》，1971 年 12 月 28 日)

② 當年荔園與商業一台合辦「空中俱樂部」，以「荔園妙韻傳歡樂 聖誕星光照八方」作賣點。遊人可隨意參與現場點唱、訪問或參加有獎遊戲。節目的特別之處，為遊人可通過大氣電波，隔空與嘉賓遊戲。(《娛樂一週》413 期，1980 年 12 月 21 日)

③ 因應節日加開聖誕嘉年華，園中不同場地均有精彩節目表演，計有樂隊現場演奏、雜技及武術表演；聖誕老人還親臨園中與遊人拍照並大送禮物，當天開放時間亦延至午夜一時。從廣告可見，是年還新增了幾款機動遊戲。(《新報》，1984 年 12 月 21 日)

④ 藉着聖誕期檔期，荔園在「荔園港日漫畫展銷會」安排聖誕老人大派禮物、場內部分漫畫書籍提供八折優惠，並限量派發紀念品，如蠟筆小生主筆的簽名海報等。圖中的優惠券可作荔園的兒童入場券使用，還可免費玩旋轉木馬一次。(94/95 年度荔園兒童優惠券)

小結

戰後初年雖然有北角的月園和東區遊樂場，但二者均在港島區，而荔園在九龍區，雙方各有市場，互不干犯。直至一九六五年，位於新蒲崗的啟德遊樂場開幕，對荔園的生意造成明顯威脅。及至一九七七年，海洋公園誕生，更對荔園造成不容忽視的衝擊。雖然海洋公園遠在港島，但一九七二年海底隧道通車，大大拉近了維港兩岸的距離，過海地鐵路段亦於一九八〇年通車，加上海洋公園這個主題式樂園設施較新穎，計有海洋館、海濤館、架空纜車以及各種先進的機動遊戲機，毋疑是荔園當時最大的競爭對手。

不難理解，於一九七九年揭幕的宋城，正是邱德根迎戰海洋公園的策略，務求力挽狂瀾，增加在市場上的競爭力。邱氏耗資一千五百萬元，以《清明上河圖》為藍本所建的「宋城」及「宋邨蠟像館」，這一着可算是「以己之長，攻彼之短」。荔園自六十年代的錦秋花園和小西湖以來，邱氏已有經營中國建築之經驗，如今選材《清明上河圖》，更是以古戰今。當對方引入各種具動感的新奇玩意，這邊廂就向中國歷史取材。可惜的是，宋城的服務對象似乎比較靠攏外地遊客，據資料顯示，宋城並非為本地人而設，一星期只撥出其中一天讓本地人進「城」，市民不能以個人方式進出，必需參與本地旅行團以團購形式參觀。由於宋城對吸引本土遊客作用不大，結果只淪為拍攝古裝外景的專用拍攝場地。

最終，荔園在一九九七年四月一日關門大吉。其關閉原因之一當然與海洋公園的出現不無關係，另外位於大圍的青龍水上樂園（又稱「歡樂城」）在一九八七年落成，成為另一直接競爭對手，搶走了不少新界區客源；最後，荔園也敵不過市區發展。一九九三年，政府已有意收回荔園這個地段，據同年十二月的報道，長實集團副董事總經理李澤鉅表示該公司將與遠東酒店合作，重建荔園遊樂場及宋城，改為商住物業。

荔園於一九九三年七日三十一日先行將動物園關閉，超過一百隻動物送往深圳市野生動物園，較年老的動物則人道毀滅。來到九十年代中期，荔園已經冷冷清清、乏人問津，但結業前數天卻重現了久違的熱鬧盛況。一九九七年三月，當荔園即將結業的消息廣傳後，不少市民帶着兒女，來到這個曾經為不少港人帶來珍貴回憶的樂園道別。據報道，三月三十日那天，超過二萬五千人進場，園方將當日的閉館時間延長至晚上十一時。最後一天的情況更熱烈，園方將其餘四個入口全部開放。園內人山人海，遊客興致勃勃，秩序井然，彷彿各人都在享受着遊樂場的最後時光。遊樂場員工亦與眾同樂，即使遊人在遊戲中未能勝出，亦派出獎品。當時園方還特意印製一套四款的閃咭售予遊客作紀念。

其實，在最後的日子裏，許多父母都是帶着子女來懷舊，至最後一天三月三十一日，原定晚上十一時關門，最後一直拖延到午夜才曲終人散。全日進場總人次約三萬人，大家以掌聲及歡呼聲向荔園作最後致敬。

Feature　HONG KONG DAILY NEWS　1997年2月27日　星期四　新報

MAGPAPER

向荔園說再見

由1949年至今，荔園已有48年歷史，期間，「執笠」、「唔做」等諸如此類的說話，都唔知傳過幾多次！朋友講：「（荔園）結束唔做，但咪又係繼續，我都因爲咁去過2、3次囉！剛剛又整既飄雪樂園，唔會既！」

但係於農曆新年前，荔園裏各商戶收到通知，相約到三月十日屆滿便要遷走，說「荔園4月便拆，結束營業」，今次似乎是千真萬確！

或許，是這原因罷，近日的荔園，「人氣」添了不少！難怪攤位的工作人員笑說：「好耐冇咁日咁熱鬧，爲觀都冇得抱！」

姑勿論荔園拆與否，荔園確有其魅力，值得大家抽點時間重遊！

TEXT & PHOTO: CARRIE

荔園機動遊戲收費表

(1)木馬

(4)子彈火車

後記：

荔園入場費

交通貼士：

有聊人　食文化　流行病實用室　返屋企行出街　香港80's　特別場

臨近1997年2月尾、3月初，香港各大報章紛紛報道令老中青三代人對荔園戀戀不捨的結業消息。（《新報》，1997年2月27日）

邱德根小傳

邱德根在1924年出生，祖籍浙江寧波，生於上海一個小商販家中，由於家境貧窮，只讀了幾個月初中便輟學。他生性愛好電影，十五歲在上海大光明影院當小工。戰後初年，邱德根一度經營印刷生意，幾年後靠積儲下來的一筆錢，成立遠東影業公司，租用滬西長壽路高陞戲院，改名大都會戲院，開始經營戲院，認為電影業有利於普及社會文化教育。

1950年3月，邱氏來港買電影到上海放映，發覺在港較有發展空間，於是與懷孕數月的妻子留港發展。邱德根初期在朋友的公司做幻燈片廣告和買賣影片，後以五千元購入位於新界的一家小戲院——荃灣戲院。當時香港的郊野鄉村，電影還很落後，鄉村居民很難看上一場電影，所以能看到陳舊老電影也覺新鮮。邱氏夫婦看準市場，立定主意，就辦起鄉村電影。到1960年，前後十年時間，已先後在荃灣、沙田、大埔、西貢、粉嶺、長洲等鄉村開了十四家影劇院，邱氏被同行稱為「白手興家的上海佬」，為新界的「戲院大王」。

此外，邱氏又在荃灣區購入多片土地，投資其他行業。1959年在鄉村開設小錢莊，名為「遠東錢莊」，接受農民存款，錢莊其後發展成遠東銀行，邱德根任董事長，更建成當年新界最高的十七層遠東銀行大廈，且在元朗及港九等地相繼設立了遠東銀行分行。

1962年，邱德根以一百六十萬元買下荔園，大興土木，同時建立起金融、房地產、娛樂業等三大支柱業務。及後，邱氏趁香港股市暢旺，更進一步將遊樂場、影院及酒店投資的業務組成遠東機構上市，從而使自己躋身香港超級富豪中。1979年，他在荔園建宋城，這裏吸引了為數不少的外地遊客，為他帶來豐厚的利潤。

八十年代，邱氏又投資五億港元在新加坡建唐城，再獲成功。1982年，他不理家人的勸阻，購入了經營不善、虧損嚴重的麗的電視一半股權，改名為亞洲電視台，並改組機構，自任董事主席。他知人善任，看準時機，故此從1984年以後，電視台每年都有盈餘。

早在八十年代，曾出任第六屆全國政協委員。邱氏一直關注內地方面的投資，其間曾在蛇口工業區投資規模巨大的遠東粉麵廠，又曾在寧波巨額投資，發展旅遊業，業務遍及北京、上海、杭州等地，他還向友人提及設想在杭州也興建一座「宋城」。

然而，年屆半百的荔園，終於敵不過市區發展，在1997年4日1日正式關閉。邱德根對荔園始終有份深厚的感情，一直有意在大嶼山重建荔園。直至2015年，還一直與蕴仔邱達根商討重建細節，可惜心願未成，是年3月17日，早上邱氏因患腦退化症在家中暈倒，中午送往荃灣仁濟醫院，經搶救無效後死亡，終年九十歲。

2015

新荔園

基本資料

經營年份

二〇一五年至現在

現在

再度變身　延續快樂

荔園雖於一九九七年結業，邱德根對荔園始終有份深厚的感情。他曾向傳媒提及，會將荔園遊樂場內歷史最悠久的兩種機動遊戲——摩天輪和叮叮船，捐贈予香港歷史博物館，惜至今未見成事。

此外，邱氏將當時拆下的旋轉木馬、哈哈鏡、咖啡杯等，包裹好並存放在遠東集團的內地貨倉，希望有一天能將荔園重現。據二〇〇五年十月九日的《經濟日報》引述，身為遠東集團主席的邱氏當時就有意於大嶼山重建荔園，政府稱正與該公司洽談，但未有表態。立法會旅遊界議員楊孝華指出，荔園在內地及外國也不屬名牌，恐難吸引遊客，重建一事最終不了了之。

邱氏始終對荔園念念不忘，臨終前一直與蘯仔邱達根商討重現荔園細節。邱德根蘯仔邱達根為圓亡父心願，先後以不同方式重現荔園，包括短期遊樂場形式的「荔園 Super Summer 2015」、「荔園 Super Summer 2016」；二〇一七年在尖沙咀開設荔園茶餐廳；二〇一九年選址荔園的發源地荔枝角開設粵式中菜館「荔園．流金歲月」，以至在同年、二〇二一年及二〇二三年先後舉行荔園主題展覽，延續荔園的快樂時光。

在「荔園 Super Summer 2015」也能找到老虎仔標記，設計有所調整，更為卡通化。右面則見荔園新出現的角色「肥肥人」，為造型樸拙的圓臉小孩，有男有女。

荔園 Super Summer 2015

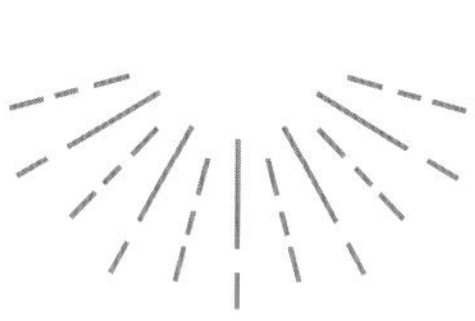

經營年份
二〇一五年六月二十六日至九月三日

地點
中環龍和道九號中環海濱活動空間

面積
佔地約十萬平方尺

正門
荔園城堡大門配老虎仔標記，大門中央見荔園二字以紅色霓虹燈方式展現。

重現荔園經典

二〇一五年六月，「荔園 Super Summer 2015」以短期的嘉年華形式，重現於中環龍和道九號中環海濱活動空間，為期七十天，以「原汁原味、香港本地、創意科技」作口號，重現荔園當年三大主題：動物園、機動遊樂場、攤位遊戲。樂園免費入場，玩遊戲則須另購代幣。

「荔園 Super Summer 2015」提供的不少機動遊戲、攤位，都是第三代荔園的經典項目，除了大門還原昔日的童話城堡風格，場內一大焦點就是依照天奴外形，以一比一比例製成「吸蕉機械大笨象」。大象天奴雖已離去多時，但作為走過第二代及第三代荔園的鎮園之寶，早已長存在數代香港人的記憶中。

見證時代變化

「荔園 Super Summer 2015」距離荔園結業已有十八年，在重現經典的同時，也加進新時代元素。好像「魔靈小學」，是一間以香港鬼校故事為主題做的鬼屋，使人聯想到當年荔園的「神秘寶洞」。但其時還未有智能手機出現，玩時坐車穿行鬼屋，在「荔園 Super Summer 2015」則可配合智能手機 App 走入鬼屋遊玩，玩法的轉變見證時代變化。「滑稽恐龍屋」則保留跟當年相近的恐龍外形，但風格較為卡通化，並設計成一條長五米高的滑梯。「夏日溜冰場」讓人想起真雪溜冰場，並提供可愛動物造型扶手，讓不會溜冰的遊人都可扶着遊玩。另外，場內還設有經典掟階磚攤位遊戲、淘氣小木馬、快樂叮叮船、盞鬼碰碰車、鬼馬飛天椅等，名字、設計不同以往，卻又處處留着當年影子。

除了各種換上新面貌的遊戲設施和攤位，場內的「好時光收集箱」，展出了兩隻昔日荔園的旋轉木馬，可謂古董，顏色經已剝落，卻一下帶遊人回到舊日時光。

經典卡通　回到童年

餐飲方面，「荔園 Super Summer 2015」設有四個飲食區，包括荔園冰室、小忌廉餐廳、足球小將餐廳、香港大牌檔。當時荔園特意通過香港代理，跟日本公司取得多個上世紀六十年代至八十年代的經典動漫或兒童劇角色版權。除了《我係小忌廉》、《足球小將》，還有《小露寶》、《幪面超人》、《超力電磁俠》等角色元素，散佈不同的攤位佈置。

活動請來歌手謝安琪演唱主題曲《最初的快樂》，歌名正好呼應荔園曾為香港人帶來的情懷，讓人憶起那份最初的快樂。這次嘉年華營運七十天，累計一百二十萬人次進場；閉幕單日錄得高達六萬入場人次，為不少香港人帶來歡樂的回憶。

雖然只是期間限定的嘉年華，仍搭出仿第三代荔園城堡大門風格的門口。

①

③

②

① 左面是一枚未能肯定年份的早年荔園代幣，估計使用時間非常短暫。右面則是荔園「Super Summer 2015」的代幣。遊戲代幣的出現在近年的遊樂場已非新鮮事物，就以 2015 年及 2016 年兩屆新荔園為例，場內大部分攤位及機動遊戲都須以代幣支付。然而，在個人搜得的早年不同時期荔園藏品中，只曾找得這枚舊荔園代幣，手頭上有限的文獻及資料，亦從未記載荔園使用過代幣的線索。

②「吸蕉大笨象」，英文名「Super Tino」安上了天奴的名字。這隻機械大象身高四米，嘴巴會開合，象鼻會噴水，更會仿吃香蕉和自動「排便」。

③「夏日溜冰場」讓人回味第三代荔園的真雪溜冰場，場內提供不同造型的可愛動物扶手，如馬、大象、長頸鹿。

②

①

③

①「4色夜光杯」的玩法類似經典攤位遊戲拋蛋糕球，目標是讓膠球落在有顏色的杯子裏。

②「經典掟階磚」的遊戲攤位還原當年跟香口膠相連的佈置，在攤位正中懸掛綠箭香口膠造型裝飾。

③ 化成滑梯的「滑稽恐龍屋」，外形設計較當年卡通化。

④「Super Summer 2015」除了玩樂設施，也展出了不同年代的荔園入場券。

⑤「好時光收集箱」展示了昔日的旋轉木馬，別具歷史價值。

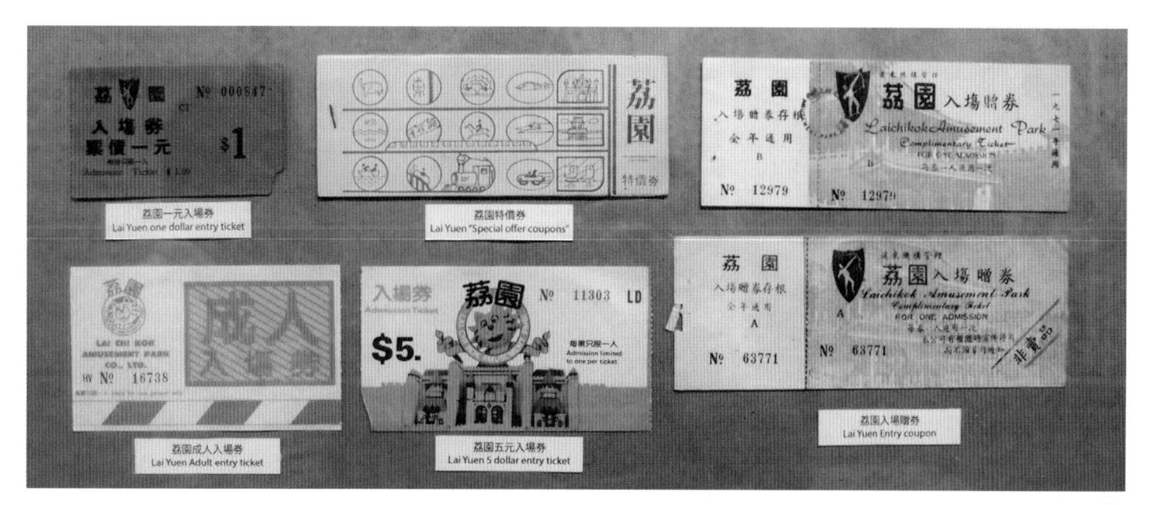
荔園一元入場券
Lai Yuen one dollar entry ticket
荔園特價券
Lai Yuen "Special offer coupons"
荔園成人入場券
Lai Yuen Adult entry ticket
荔園五元入場券
Lai Yuen 5 dollar entry ticket
荔園入場贈券
Lai Yuen Entry coupon

④

⑤

A 展覽區
好時光
收集箱
荔園

②

①

③

① 永不過時的「快樂叮叮船」，由玩法到造型都跟當年相近。

② 荔園特意取得經典卡通的角色版權，帶香港人回味童年，圖為「我係小忌廉」遊戲攤位。

③「足球小將過 3 關」可以看到多位《足球小將》角色頭像，愛踢足球的玩家可來這裏一試腳法。

②

①

③

①「荔園 Super Summer 2015」推出的紀念袋和襟章，分別印有老虎仔標記。

②「荔園 Super Summer 2015」的首日紀念郵品，可看到第三代荔園的昔日外貌。（圖片來源：張順光製作並提供）

③「荔園 Super Summer 2015」的練習簿，正面印上老虎仔標記，背面有場內地圖。

荔園 Super Summer 2016

經營年份
二〇一六年七月十五日至八月七日

地點
大嶼山亞洲博覽館及戶外場地

面積
佔地約五萬平方尺

主打新世代市場

二〇一六年七月，荔園再以短期嘉年華形式，以「夏日大晒」四字作口號，重現於大嶼山亞洲博覽館及戶外場地，為期二十四天。「荔園 Super Summer 2016」的入場票價為一百四十港元，包十個代幣，額外購買代幣每個十元。因場地關係，僅設二十二個娛樂設施、景點和攤位，數量較二〇一五年少。

「荔園 Super Summer 2016」同樣重現了荔園的經典玩意，如碰碰車、「吸蕉大笨象」、「荔園大舞台」、「掟階磚」攤位遊戲、彩虹波波池。但這次減少了懷舊元素，加入更多潮流玩意，主打新世代市場。例如跟年代較近的動畫《妖怪手錶》合作，推出可讓人收集蓋章的互動遊戲「荔園×妖怪手錶暑假不可思議之旅」，另有迷宮「荔園 × 蘇飛的奇幻世界」、長達一百一十一米的充氣競技場「充氣大步走」，以及首次在香港引入電動高卡車「XRace」。車場佔地八千平方米，賽道由德國著名賽道設計師 Michael Kolbinger 設計，長六百五十米。

移師亞洲博覽館的「荔園 Super Summer 2016」地圖。

③

②

①「荔園 Super Summer 2016」再次出現這隻以天奴為藍本製作的「吸蕉機械大笨象」。

（圖片來源：荔園有限公司提供）

② 首次在香港引入的電動高卡車 X Race 是這次活動的重頭項目。

（圖片來源：荔園有限公司提供）

③ 荔園 Super Summer 2015」加入不少經典卡通的元素，「荔園 Super Summer 2016」則跟當下小朋友熟悉的卡通合作。這個攤位掛滿了動畫《妖怪手錶》的角色布玩偶。

（圖片來源：荔園有限公司提供）

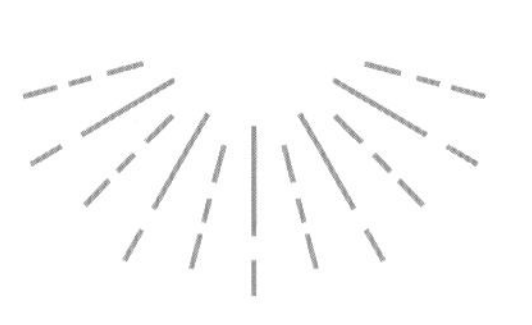

荔園茶餐廳

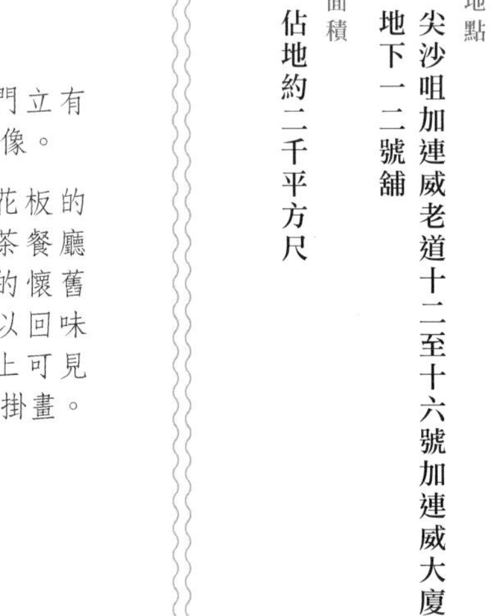

經營年份
二〇一七年六月八日至二〇一八年十二月十四日

地點
尖沙咀加連威老道十二至十六號加連威大廈地下一二號舖

面積
佔地約二千平方尺

繼「荔園 Super Summer 2015」和「荔園 Super Summer 2016」都是以短暫的遊樂場形式出現，二〇一七年六月八日，荔園改以茶餐廳形式，在尖沙咀重現。

為了保留昔日樂園神髓，茶餐廳的設計以淺色及橡木為主，門口放有荔園招牌老虎仔像，室內牆上則掛有充滿童趣的畫作。餐廳內的天花板除有拱形木吊燈，掛了三隻旋轉木馬吊飾，讓食客恍如置身迷你荔園遊樂場。招牌菜則包括讓人久違的荔園雞髀，另有以「DINO」（恐龍）為名的咖喱系列。

① 荔園茶餐廳正門立有荔園標記老虎仔像。

② 三隻懸掛在天花板的旋轉木馬，為茶餐廳營造荔園獨有的懷舊氣氛，食客得以回味昔日情懷。牆上可見多幅畫風童趣的掛畫。

①

②

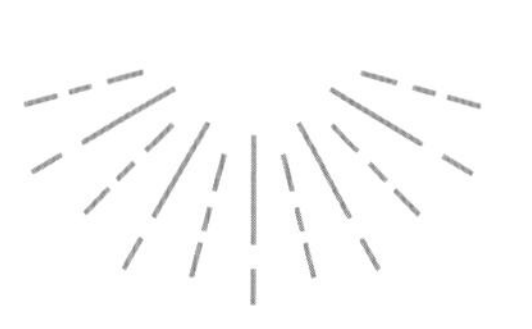

「荔園‧流金歲月」粵式中菜館

經營年份
二〇一九年一月十五日至二〇二二年十月十七日

地點
荔枝角 D2 Place

面積
佔地約六千四百尺

位於尖沙咀的荔園茶餐廳結業後，荔園回到當初的發源地荔枝角，在 D2 Place 再起爐灶，於二〇一九年一月十五日開設「荔園‧流金歲月」。「荔園‧流金歲月」餐廳改以新派烹調手法演繹粵式小菜，並引入「民園麵家」作店中店，提供麵食。

「荔園‧流金歲月」餐廳佔地約六千四百尺，佈置增添更多懷舊元素。座位設計成不同造型的經典場景，如「過山飛龍」、「咖啡杯」和「叮叮船」造型的座位，另外還有繽紛的「荔園冬菇亭」、掛滿蒸籠餐具以展示荔園歷史的「荔園籠咁威」牆壁，以至「開心掟階磚」等多個打卡位。早已褪色的旋轉木馬真品則放在入口位置，連接了過去與現在的時空，別具歷史價值。

「荔園‧流金歲月」在食物設計上也有下心思，不但名字生動，如「籠咁威」小籠包、「蕉積饅頭」，有款「包有 Guts」流沙奶皇包更製成有代表性的可愛老虎仔造型。

由於租約期滿，「荔園‧流金歲月」主題餐廳於二〇二二年十月十七日正式關門。

回歸荔園發源地荔枝角，在 D2 Place 開設「荔園‧流金歲月」中菜館及「民園麵家」，門口仍放着全白色的老虎仔像。

②

①

③

① 餐廳座位設計結合荔園經典特色，打造成當年的遊樂設施模樣，如圖中便見「叮叮船」、「咖啡杯」及「過山飛龍」外形的座位。

②「荔園．流金歲月」引入民園麵家作店中店，與荔園合而為一。

③ 食物無論造型及名稱，都經過一番心思，如「包有 Guts」流沙奶皇包便設計成老虎仔模樣。

④ 點心架特意製成摩天輪模樣。

⑤ 餐廳門口展示了荔園的旋轉木馬真品，雖已殘舊，卻有紀念價值。

⑥「荔園籠咁威」展示了荔園跨越半世紀的歷史。

④

⑥

⑤

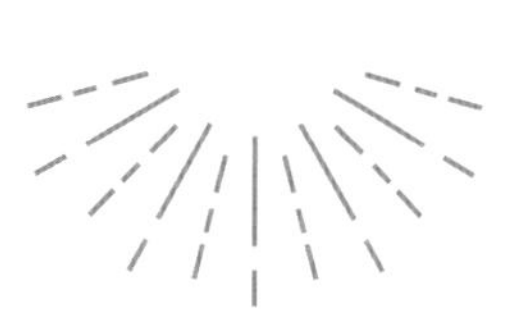

「我們的荔園」展覽及嘉年華

經營年份
二〇一九年九月十二日至十月十三日

地點
荔枝角 D2 Place 二期地下 The Garage

面積
佔地約三千五百尺

模型還原荔園佈局

除了經營餐廳，荔園集團公司還舉辦過室內展覽和嘉年華。為慶祝荔園成立七十週年，於二〇一九年九月十二日，在荔枝角 D2 Place 二期地下 The Garage 舉辦為期一個月的「我們的荔園」展覽及嘉年華。

展覽設有多個以荔園為主題的攤位遊戲，如「荔園百發百中」、「天奴香蕉池」，又加入緊貼時下科技的玩樂元素——AR 擴增實境遊戲「荔園 3D 遊樂園」，並首次展出由本地著名微型藝術單位 TOMA Miniatures 製作的荔園遊樂場一比六十四微縮模型。

荔園微縮模型是根據七十至九十年代的荔園製作，製作過程參考過不少舊照，手工精細，呈現出第三代荔園的景點和設施佈局，包括城堡大門、動物園、宋城、子彈車，以至跟盾牌射手連在一起的荔園招牌，還有旁邊的百麗殿舞台，可藉此宏觀當年的荔園面貌。為了加強真實感，模型中的遊樂場設施，如旋轉木馬、碰碰車、咖啡杯、摩天輪、八爪魚、海盜船等，均可轉動，亦有亮燈效果。

2019 年舉行的「我們的荔園」展覽及嘉年華，加入了很多新式遊樂元素。（圖片來源：荔園有限公司提供）

鳥瞰 TOMA Miniatures 製作的荔園遊樂場 1：64 微縮模型，可看到第三代荔園的全貌。（圖片來源：上、左下 - 梁卓倫提供；右下 - 荔園有限公司提供）

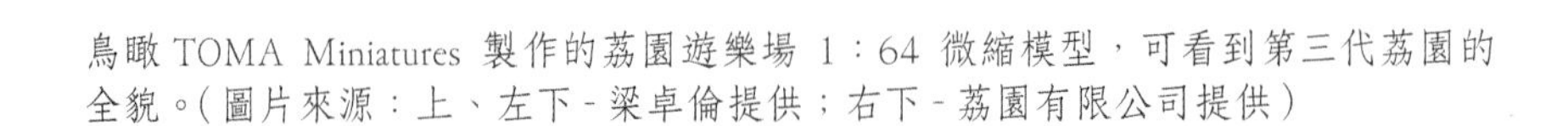

②

①

③

① 波波池「天奴香蕉池」的天奴造型充滿童趣。

② 參加攤位遊戲「圈中肥肥人」，可獲發六個膠圈，成功套進指定數量的目標，即可獲獎品。遊戲裏能看到老虎仔的身影。

③ 荔園少不得的叮叮船和旋轉木馬。

（以上圖片來源：荔園有限公司提供）

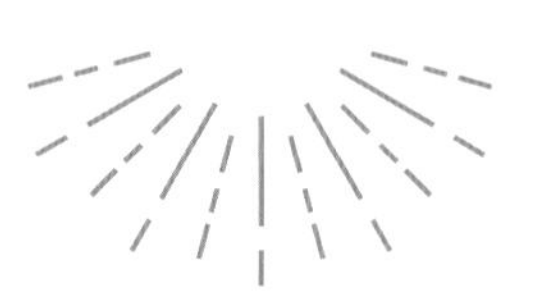

「荔園時光之旅：歡笑樂園開心地」展覽

經營年份 二〇二一年七月十五日至八月十日

地點 將軍澳廣場一樓中庭

面積 不詳

回顧荔園歷史

二〇二一年的夏天，荔園在將軍澳廣場一樓中庭，再次舉辦期間限定展覽及活動。

「荔園時光之旅：歡笑樂園開心地」展覽再度展出TOMA Miniatures製作的荔園微縮模型，以及從「荔園．流金歲月」粵式中菜館借出旋轉木馬真品展示。除此之外，展覽將「好時光收集區」搭成歷史時光隧道。隧道以展板形式，展出近百件荔園歷史收藏品，如絕版多年的荔園閃卡、入場券、劇場門票、剪報、相片、宣傳刊物等，以一張張真實舊物，呈現荔園從一九四〇年代創立至二〇一〇年代的發展，包括鮮為人知的宋城歷史、各種經典機動遊戲和表演節目等。

場內另一頭則設置「經典重現區」攤位遊戲，包括「歡笑樂園掟階磚」、「開心滿FUN滾球樂」，讓人體驗當年的玩樂氣氛之餘，傳承舊日回憶和文化。

在將軍澳廣場一樓中庭舉辦的「荔園時光之旅：歡笑樂園開心地」，分為三大主題專區：「好時光收集區」、「荔園奇趣世界」及「經典重現區」。

① 荔園不管怎樣變身，都不會忘記這個經典中的經典項目：「捉階磚」。

②「好時光收集區」裏的展板，藉舊照、藏品和言簡意賅的文字，帶大家穿梭不同年代的荔園。

③ 場內展示不同年代的荔園入場門票

④ 荔園主席邱達根也有到場參觀，跟筆者和另一位有份借出荔園舊物的收藏家張順光，就這微縮模型談起荔園往事。

（圖片來源：荔園有限公司提供）

①

②

④

③

當日經營近半世紀的荔園遊樂場所在地，早已發展為屋苑荔欣苑、華荔邨及盈暉臺等；荔園的地址荔景山道二八四號亦早已不存，更名為荔景山路。繼海洋公園以後，香港迪士尼樂園在二〇〇五年冒起，成為新世代會掛在口邊的主題樂園。時日遠去，雖然第三代荔園結業已久，但新一代的荔園有限公司主席邱達根從未忘記父親邱德根以至香港人對荔園的一份情，始終希望能把那份「簡單的快樂」精神，以不同的姿態傳承。

為了將荔園的品牌重新定位為娛樂生產平台，荔園除了一度進軍餐飲業，又舉辦過各種短期形式的展覽、嘉年華，荔園還作過多方面的發展，包括走入國際。二〇一八年，荔園參加上海第一屆「中國國際進口博覽會」；二〇一九年，由荔園及本地插畫師王信明根據昔日荔園動物明星重新設計出Tino、Dino、Tiger及Vincent的角色造型，透過參加「二〇一九香港國際授權展」，為日後業務及活動做準備。隨着自二〇一九年末開始肆虐全球三年多的新冠肺炎疫情緩和，日後或會發展更多以荔園為主題的項目。

無論如何，遊樂園姿態的荔園早已在香港歷史裏留下一筆。只要提起香港的集體回憶，人們依然憶起這個合家歡的大眾樂園，甚至成為創作素材，冀把回憶留住。有人就以立體紙藝呈現荔園，有人以約一萬顆樂高積木砌出八九十年代的荔園，有劇團以荔園為題材作街頭演出，也有人通過整理舊照、舊物，整理回憶，讓荔園的故事得以用不同形式，繼續訴説下去。

適逢荔園結業十周年，「7A 班戲劇組」於 2007 年推出一系列以「天奴的眼睛」為主題的巡迴演出，在全港十二個不同地點舉行。（話劇《天奴的眼睛》宣傳單張，2007 年）

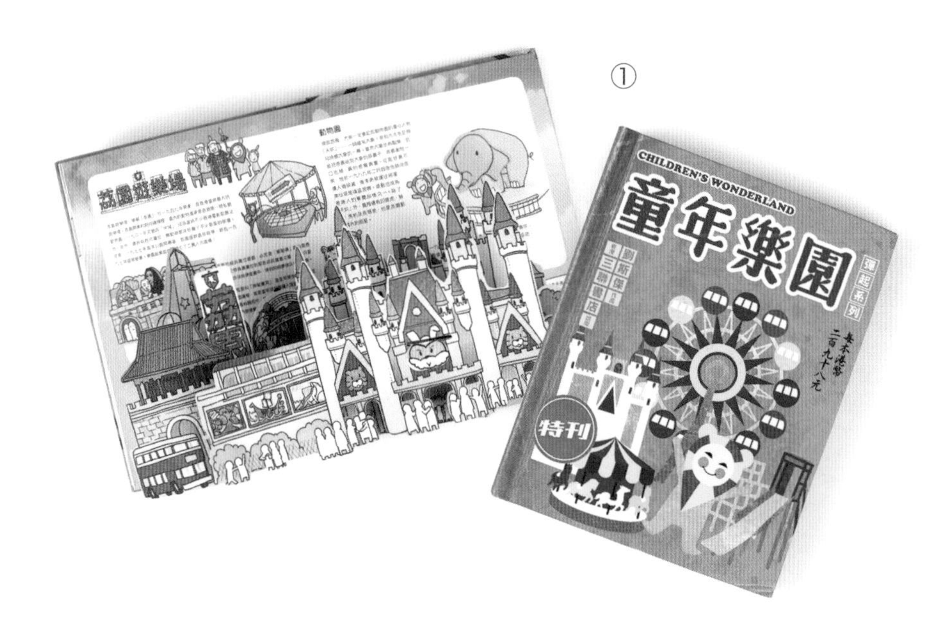

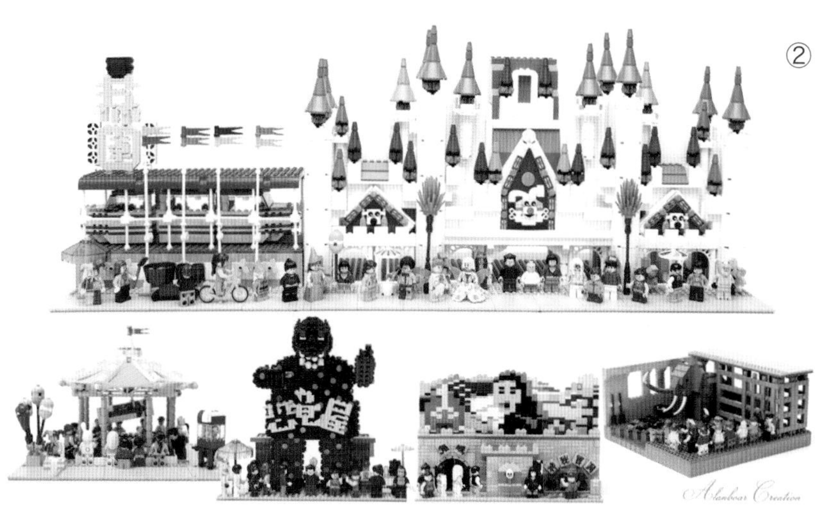

① 劉斯傑以本土事物為題材的《童年樂園》，也製作了荔園的立體版本。[1]

② 張顯倫以約一萬顆樂高積木，砌出 80 厘米闊，80 厘米長，30 厘米高的第三代荔園。作品收錄在《砌出香港》。[2]（圖片來源：張顯倫提供）

1　劉斯傑：《香港彈起系列：童年樂園》（香港：三聯書店，2013）。
2　香港樂高迷用戶組：《砌出香港》（香港：非凡出版，2015）。

荔園事件簿

1947～2023

*整理自搜得的報章、雜誌、宣傳單張等，揀選部分荔園發生過的重要事件列出。對照下列的一些香港遊樂場事件，可想像荔園當時面對的競爭和相應策略。另也列出了曾在荔園取景的一些影視作品。

年份	荔園事件	相關事件
一九四七	・六月二十二日，荔枝角酒店開幕，由九龍居民協會主席紀廉武揭幕。 ・設淡水游泳池、溜冰場、跑馬場、涼亭及露天舞場等。	
一九四八	・五月二十二日，荔枝園開幕，由美洲華僑石鐘山在原址創建。 ・入場券成人每位五毫，小童三毫。	
一九四九	・四月十六日，正式命名為荔枝園遊樂場。	・一月二十二日，大埔墟綠野僊館（松園仙館前身）開幕。 ・十二月二十二日，北角月園開幕。
一九五〇	・荔枝園易手，富商張軍光接棒營運，改名荔園遊樂場。 ・七月一日，荔園經翻新後全面開放。 ・荔園正門南移。 ・增設飛馬、怪屋、八陣圖、紅粉骷髏、碰碰船、水上舞廳、冷氣劇場、露天電影場、露天劇場等。 ・入場券成人每位六毫，小童三毫半。 ・七月十九日，定為荔園開園紀念日。	・二月十七日，旺角天虹遊樂場開幕，同年五月結業。 ・七月七日，明園遊樂場開幕。

年份	荔園事件	相關事件
一九五一	・設「海上行宮」，由南洋電船公司主理，航行香港至荔園線。 ・邀請兩大劇團上演標準京劇，表演者有于素秋、李仲林。 ・五月一日，為慶賀東華三院八十週年，舉辦慈善遊藝大會，有薛覺先、上海妹演粵劇；馬連良及張君秋演平劇；張大千捐出作品三十幅供拍賣籌款等。 ・十二月，由愛樂狗場主辦世界名犬展覽。	・北角月園跟荔園同步為慶賀東華三院八十週年，舉辦慈善遊藝大會。 ・聖誕節，元朗娛樂場開幕。
一九五二	・由南洋電船公司主理之海上行宮，六月份重航香港至荔園線。 ・水上舞廳推出星期茶舞。 ・設立由女員招待的鴛鴦茶座，茶資六毫。 ・農曆七月初七起，一連七天，東華三院假荔園舉辦「萬緣勝會」，在園內設壇祭祀祈福。 ・十二月，福幼孤兒院八週年紀念，在荔園舉行慈善遊藝大會，由李子農夫人揭幕，社會局副局長李子農致詞。 ・十二月，舉辦猛獸展覽。	・夏季，北角月園停業。 ・八月九日，荃灣遊樂場開幕。 ・十一月，北角大世界在月園原址開幕。 ・銅鑼灣東區遊樂場結業。 ・銅鑼灣利園山旁的仙樂溜冰場結業。 ・十二月，北角大世界跟荔園同步隆重舉行慈善遊藝大會。
一九五三	・一月，新闢玩具世界。 ・四月，主辦農場產品展覽會，開幕時由飛鴿專家歐陽惠民演放信鴿。 ・四月，推出四大劇場。 ・六月，舉辦酒后加冕活動。 ・九月，主辦閃電象棋賽及棋霸爭雄賽。 ・動物園開始營運。 ・為籌建東華醫院兩翼十層大廈暨新校舍落成，在荔園舉辦慈善遊藝大會。	・由植利影業公司出品，羅劍郎、芳艷芬主演的《初入情場》上映，部分外景在荔園拍攝。 ・由中聯電影企業有限公司出品，吳楚帆、李小龍、紫羅蓮、張瑛主演的《危樓春曉》上映，影片有部分外景在荔園拍攝。

年份	荔園事件	相關事件
一九五四		・七月二十七日，北角大世界結業。 ・由中聯電影企業有限公司出品，張活游、阮兆輝主演的《父與子》上映，部分外景在荔園拍攝。
一九五五	・十一月中旬，香港《華僑晚報》和荔園合辦「家庭用品展覽會」，張軍光與影星梅綺一同出席展覽會的開幕禮。	・由大成影片公司出品，張瑛、芳艷芬主演的《蜜月》上映，部分外景在荔園拍攝。 ・由植利影業公司出品，羅劍郎、芳艷芬主演的《真假千金》上映，部分外景在荔園拍攝。
一九五六		・由大成影片公司出品，新馬師曾、胡楓、白露明、李小龍主演的《詐癲納福》上映，部分外景在荔園拍攝。
一九五七	・由四個劇場增至五個劇場，推出肚皮艷舞、模特兒表演等。 ・強調有五線巴士可直達荔園。	・七月中旬，泳場及海灣被颱風摧毀，滿目瘡痍。
一九五八	・正名為荔園遊樂花園，英文名稱沿用 Lai Chi Kok Amusement Park。 ・直達荔園的巴士線增至六條，分別有六號、六號B、六號C、六號D、十二號及十二號B。 ・水上舞廳改為在陸上的荔園舞廳，日舞茶資六毫，夜舞茶資由一元增至一元一毫。 ・增設兒童卡通樂園。 ・增至六個劇場。其中第五劇場模特兒表演，宣稱有水晶舞台。 ・動物園引入南非巨蟒、南美珊瑚象龜，揚子江鱷魚亞細也在同年入住。	・由達豐影業公司出品，文蘭、胡楓主演的《小歌女》上映，部分外景在荔園拍攝。 ・《中國電影》雜誌第六期刊登天才童星張小燕入荔園遊玩的一系列拍攝圖片及介紹。

年份	荔園事件	相關事件
一九五八	· 增設有專家主理、風格新穎的攝影部。 · 海灘泳棚增設貯物及沖身服務，收費三毫。 · 大象天奴於是年從非洲運抵荔園，齡六歲，駁斥坊間指天奴進園為四歲的說法，亦反證天奴並非因沈常福馬戲團因財政虧損而被迫留在荔園的訛稱。	
一九五九	· 香港著名業餘養鴿專家李序東、歐陽惠民、朱志宏及黃裕棠等祝賀荔園九週年紀念，與荔園合辦「名鴿展覽」。 · 設麗的電視，在傍晚兩個時段播放，分別是下午五時正及七時三十分兩個時段。 · 十二月，新增過河滑梯「彩虹飛渡」。 · 聖誕周，環遊世界的尤力高飛車團抵港，首在荔園演出壁上飛車。	· 二月，大磡村遊樂場開始營運。
一九六〇		· 麗的兒童節目《小小樂園》在荔園取景。
一九六一	· 七月，荔園十一週年紀念，重金禮聘印度魔術教授魯氏兄弟在第五劇場演出神祕魔術及加演赤足行火。 · 荔園舞廳茶資增至一元二毫。	· 由宏利影業公司出品，張瑛、夏萍主演的《糊塗金龜婿》上映，部分外景在荔園拍攝。
一九六二	· 荔園二度易手，由香港娛樂大亨邱德根接棒經營。 · 改善荔園環境，在泥沙地面上鋪蓋水泥、紅磚等。 · 添置歐美新型機動遊戲，如飛行塔、月球火箭。 · 耗費一百萬港元以充實動物園，計有南非「小吼龍」、北非「巨毒蛇」、北極「巨熊」、南美「金絲猴」、奈良「梅花鹿」等，共計二十餘種。 · 新增聳動馬來亞動物界的懶猴。	

年份	荔園事件	相關事件
一九六二	・荔園佔地增至三十餘萬尺。 ・入場券日間成人收四毫，小童收二毫，晚上收六毫，小童收四毫。	
一九六三	・總入場人數高達三百萬，被譽為荔園業務的顛峰年。 ・劇場數目增至七個。第一劇場有七彩卡通片及西片場。 ・第四劇場有陸智夫國術社。 ・第六劇場邀請由香港中國戲劇學院于占元師父率領全體學童（後稱七小福，成員包括洪金寶、成龍等）演出全武行的標準平劇、什景歌劇。 ・增添第七劇場，名群芳會，由一流歌星主唱。 ・新設一元商店。 ・增設情侶咖啡杯、飛行塔、空中飛箭、新式電油汽車及機動龍虎鬥。 ・動物園改名「萬牲園」，引入高十吋金絲小猴，增設日本梅花鹿及印度大蟒蛇。 ・荔園舞廳增添巨型冷氣。 ・春節，舉辦慶賀元宵花燈大會。	
一九六四	・年初，劇場數目增至八大劇場，但未能一直維持，有時改回七大劇場。 ・七月十九日，為成立十四週年的開園紀念日舉行記者招待會。 ・全新佔地十萬平方尺動物園正式開幕，請來荃灣民政官忠信及電懋影業公司女明星剪綵。 ・增設咖啡屋、輕便跑車場。 ・園內添至三條電話線。 ・增設兒童園地。	・六月二十日，邱德根元配裘錦秋女士空難離世。 ・六月二十七日，為邱德根夫人舉喪之期，當日荔園上午休息，晚上七時繼續營業。

年份	荔園事件	相關事件
一九六四	・十月，增設具上海風味，由名廚主理的「知味觀」麵館。 ・入場價格時有調整，年底維持大人六毫，小童三毫。	
一九六五	・年初，舉辦不收費的業餘歌唱比賽。 ・一月，舉辦「兒童樂園十二週年紀念招待小讀者聯歡大會」。 ・一月二十九日，錦秋殿和錦秋花園開放，由荃灣理民府韋忠信長官主持揭幕。 ・宣稱機動遊戲數量達至六十餘種。 ・十月，劇場數目增至九大劇場，第七劇場邀請差利張大魔術團演出，第九劇場宣稱為神祕變幻的科學美人。 ・入場票價調整至大人七毫，小童三毫。	・《亞洲娛樂》一月號刊登了紅星薛家燕小姐在荔園內拍攝的圖片。 ・一月三十一日，位於新蒲崗的啟德遊樂場開幕。 ・位於元朗的漁村式遊樂場所泰園漁村建成。 ・八月三日，《老夫子》真人粵語黑白片上映。 ・由大志影片公司出品，新馬師曾、鄧寄塵、吳君麗主演的《看牛仔出城》上映，部分外景在荔園拍攝。 ・由新世界影業公司出品，馮寶寶、羅艷卿、胡楓、李香琴主演的《大四喜》上映，部分外景在荔園拍攝。
一九六六	・增設滾球場及小西湖。 ・五月十五日，響應《華僑日報》救童助學運動，舉辦「小西湖明星園遊大會」，慈善券每張兩元，連荔園入場費，由影星張仲文和曹達華主持。 ・舉辦「神犬表演妙技」，情商英良技術狗馴練場客串表演。 ・十月，主辦業餘乒乓球賽。	・由香港邵氏（兄弟）電影有限公司出品，陳厚、胡燕妮主演的香港國語電影彩色版《何日君再來》在港上映，部分片段在荔園取景。

年份	荔園事件	相關事件
一九六七	· 二月十七日差利張正式進駐荔園。 · 七月九日荔園重金禮聘電視童星張圓圓在第七劇場表演舞蹈，為期一個月。 · 動物園新增奈良麋鹿。 · 重金禮聘詼諧紅星西瓜刨登台獻演。 · 錦秋殿二樓設露天茶座，並與遠東機構和《明燈日報》合辦錦秋殿填色比賽。 · 宣稱該園已歸入遠東機構娛樂系統。 · 興建電動碰碰車，裝設七彩透視體西洋鏡。 · 八月，增設兒童跑車。	· 由志聯影業有限公司出品，陳寶珠、呂奇主演的《花月佳期》上映，部分外景在荔園拍攝。 · 在第二十四屆香港工業出品展覽會場內設遊樂城，電動玩具賽車場及各種機動遊戲均由荔園供應。
一九六八	· 一月，試行入場費十天減價優惠：大人四毫，小童二毫。 · 荔園舞廳增設七彩水晶旋轉燈。	· 一月二十九日，歸入遠東機構名下的荃灣遊樂場重新開幕。 · 由志聯影業有限公司出品，陳寶珠、呂奇主演的《霧美人》上映，部分外景在荔園拍攝。
一九六九	· 七月，廣告推銷荔園礦泉泳池，稱池水取自地層百尺礦泉水。	· 位於灣仔熙信樓二樓的香港首家蠟像院開幕。
一九七〇	· 推出女士入場免費的新潮舞廳。 · 錦秋殿提供故宮京食。 · 有「棋王」之稱的徐耀榮主持「棋壇」的象棋比賽。 · 十二月，為慶祝荔園水上動物園開幕，邵氏女星丁珮出席助慶。	
一九七一	· 新設「為食街」。 · 電影公司與荔園聯合舉辦「雪姑七友遊荔園」。	· 第一屆香港節。 · 美國和路．迪士尼首部經典動畫長片《雪姑七友》於七月在港上映。

年份	荔園事件	相關事件
一九七二	・一月，試推十大劇場。 ・八月二十三日，推出真雪溜冰場，開幕禮由行政局首席非官守議員羅理爵士主持。 ・聲稱「人人加價，我唔加」，門票維持成人七毫，小童四毫。	・位於淺水灣的海角遊樂場正式結業。 ・跟荔園聯號的荃灣遊樂場結業。
一九七三	・一月，試推十二大劇場。 ・十一月，在小西湖和溜泳場舉辦菊花展覽會。	
一九七四	・一月二十一日，首次推出機動遊戲「過山車」。 ・一月十二日，真雪溜泳場擴充。 ・以十大劇場姿態革新，推出兩大免費電影劇場，專門放映西片及國語片，並有粉菊花師傅帶領的春秋京劇團演出。 ・六月，由馬來西亞航空系統及太平洋行聯合贊助舉辦「速度溜冰比賽」。 ・六月二日開始，一〇五號隧道巴士於周日及公眾假期，由西環至美孚新邨總站，改為由西環直抵荔園。 ・八月二十一日，兒童動物園開幕。由市政局主席沙利士議員主持開幕典禮，嘉禾電影紅星依依及黃家達剪綵。 ・九月十八日，首創專為兒童放映的「卡通片戲院」，冷氣開放，費用全免。 ・十二月九日，動物園一隻大老虎逃脫，最後死於警方的麻醉槍下，園方將牠製成標本。 ・五月十日增設免費水上的士，由中環抵美孚後，有專車自美孚巴士總站免費接送至荔園。 ・門票維持一元。	

年份	荔園事件	相關事件
一九七五	・新春票價為大人一元半，小童一元。 ・一月，來自非洲的獅子力奇和美美抵達荔園。 ・七月二十六日，與香港邵氏（兄弟）電影有限公司合辦「中國超人遊荔園」。 ・劇場數目改回九大劇場。 ・真雪溜冰場內加設餐廳。 ・十一月，九隻神象客串演出功夫雜技。 ・除十二號及六號A巴士外，由三月一日起增設一〇五號隧巴，可直達該園。	・瑪嘉烈醫院在荔枝角海灘原址建成。
一九七六	・為慶祝兒童節，荔園參與由《華僑日報》讀者七海旅行團舉辦的「俏巴喇兒童歡樂遊」。 ・四月，漫畫《龍虎門》真人版在錦秋殿廣場表演中國功夫。 ・六月，來自日本的黑豹亞威抵達荔園。 ・九月二十五日，亞洲影后李菁小姐有份參與在荔園錦秋殿廣場舉行的「老夫子與大番薯」真人版節目。 ・十一月，一連兩天與香港邵氏（兄弟）有限公司合辦潮州之夜，由潮劇名旦蕭南英主持。	
一九七七	・復活節假期，一連四晚舉行汽車過腹奇技大觀。 ・七月，舉行兒童迷你賽車格蘭披治大賽。	・一月十日，海洋公園開幕。 ・二月，黃莎莉開拍《我的藝術生活》，在荔園取景。 ・元朗娛樂場結業。
一九七八	・九月七日開始，大小門票一律一元。	

年份	荔園事件	相關事件
一九七九	・六月十六日，在荔園劇場區原地興建的宋城開幕，六月二十三日正式開放予遊客。荔園劇場區消失。 ・七月，由聖類斯青年會在荔園舉辦遊戲日。	・香港旅遊協會將宋城、海洋公園、食街和珍寶海鮮舫四處同時列入「讓遊客多呆一日」的遊覽計劃。 ・麗的電視兒童節目《荔園小天地》面世。 ・同屬遠東機構娛樂系統的百麗殿舞台，於荔園隔鄰建成。
一九八〇	・門票大人二元，小童一元。	・香港無線電視製作的綜藝節目《歡樂今宵》於荔園拍攝，由藝員鄧英敏和陳儀馨在拋階磚攤位主持搞笑環節。
一九八一	・恐龍屋開幕。 ・動物園引入禿鷲、綠孔雀、美洲獅。	
一九八二	・二月六日至二十八日，為慶祝新春元宵佳節，在宋城舉辦西湖燈會，並與賓得相機合辦「宋城西湖花燈攝影比賽」。	・地下鐵路荃灣線通車，設荔灣站。 ・四月，啟德遊樂場結業。 ・五月及八月豪雨成災，引致多宗水浸及山泥傾瀉事件，荔園未能倖免。
一九八三	・進行三十三週年革新，推出機動遊戲八爪魚、海盜船。 ・舉辦第三屆公開溜冰大賽。 ・地鐵荔灣站、九巴六號A、十二號及隧巴一〇五和一〇二號，均可直達該園。 ・來自泰國的猩猩芝芝來港展覽，為期一年。	
一九八四	・二月，推出八部機動遊戲，包括小飛象、子彈車、歡樂輪、太空車、穿梭機、八爪魚、寶寶車及海盜船。 ・七月，入場一律三元五毫，機動遊戲票價二至五元。	

年份	荔園事件	相關事件
一九八五	・荔園正門估計在這年換成童話式城堡大門，且曾出現一個相對簡約的設計。 ・七月，舉辦三十五週年生日會，入場券成人五元，小童三元。 ・售賣荔園遊樂場棋。 ・推出碰碰船、星際機及火箭炮。 ・荔枝角灣填海，荔園的海灘更衣室關閉。	・荔灣站更名為美孚站。
一九八七		・一月，大圍青龍水上樂園開幕。
一九八八	・來自內地的雙峰駱駝亞祖抵達荔園。 ・迎接龍年，增設由意大利飛港的過山車「過山飛龍」。	・歌星周慧敏為荔園拍攝宣傳短片，並演唱荔園廣告歌。
一九八九	・二月三月，大象天奴患急性肺炎，被人道毀滅，葬於將軍澳堆填區，享年三十五歲。 ・六月，灣鱷亞叻從泰國引入。 ・來自泰國的黑熊亞飛到荔園展出，為期一年。 ・十一月，有美洲獅走脫。	
一九九〇	・年初，印度虎病逝。 ・來自澳洲的袋鼠亞占到荔園展覽一年。 ・大象蓮寶及奧安從泰國來港展出。 ・十二月，來自西伯利亞的老虎力高和思思抵達荔園。 ・推出一套六張以機動遊戲為主題的「機動戰士」閃卡，送給入場的小朋友。	

年份	荔園事件	相關事件
一九九一	・真雪溜冰場閉幕，原址建設飄雪樂園，入場券成人一百元、小童六十元。 ・來自泰國的兩頭大象蓮寶及奧安，再度從泰國來港展出。	
一九九二	・夏天，來自南非的長頸鹿叮叮和噹噹來港展覽，荔園後來花費三十萬元把牠們買回來。	
一九九三	・三月，黑豹亞威病逝。 ・七月三十一日，動物園關閉，換成只有山羊、烏龜、鳥類等的小型動物園。 ・八月，園內近大門區內劃出一條「歡樂街」，設備共分六大類：有老幼咸宜的「哈哈鏡」、「立體攝影廣場」、「大碗麵」及「幸運大抽獎」。此外，適合成年人的有「激光砲」，純為兒童而設的有「寶寶天地」，內有波波池及路軌車仔。 ・鱷魚亞細離世。	
一九九五		・由大都會電影製作有限公司發行，周星馳主演的《回魂夜》上映，部分外景在荔園拍攝。
一九九七	・入場費為成人十五元，小童十元。 ・三月三十一日，荔園在營運的最後一天延長開放時間。 ・四月一日，荔園及宋城正式關閉。	
一九九八		・無線電視播映以荔園為創作藍本的劇集《難兄難弟之神探李奇》，主要演員有劉嘉良、林家棟和張可頤。

年份	荔園事件	相關事件
二〇〇五	・十月九日，有報章引述遠東集團主席邱德根，稱其有意於大嶼山重建荔園，政府當時稱正與該公司洽談，但未有取態。	・九月十二日，香港迪士尼樂園開幕。
二〇〇七		・三月至六月期間，「7A 班戲劇組」推出一系列以荔園為主題的巡遊表演，在全港十二個不同地點舉行共十二場。
二〇一五	・荔園第三代掌舵人邱德根在三月十七日於其深井住所內暈倒，送院不治，終年九十歲。 ・六月二十六日至九月三日，於中環新海濱舉辦「荔園 Super Summer 2015」。	
二〇一六	・七月十五日至八月七日，於大嶼山亞洲博覽館舉辦「荔園 Super Summer 2016」。 ・十二月，承辦在廣州舉行的「品品 2016 粵港澳工貿推廣及展銷會暨嘉年華」。	
二〇一七	・荔園以茶餐廳形式於六月九日在尖沙咀開業。	
二〇一八	・參加在上海舉行的第一屆「中國國際進口博覽會」，並向香港特首介紹荔園的最新發展。 ・與華人文化集團公司在中國成都市發佈「華荔娛樂」項目，共同興建成都娛樂中心。 ・荔園茶餐廳於十二月十四日結業。	

年份	荔園事件	相關事件
二〇一九	・一月十五日，在荔枝角 D2 Place 開設「荔園・流金歲月」中菜館，店內引入「民園麵家」。 ・九月十二日至十月十三日，在荔枝角 D2 Place 地下舉辦以「我們的荔園」為名的展覽及室內嘉年華。	
二〇二一	・在將軍澳廣場推出以「荔園時光之旅：歡笑樂園開心地」為名的展覽及活動，於七月十五日開幕，八月十日完結。	
二〇二二	・「荔園・流金歲月」因租約期滿，於十月十七日關門。	
二〇二三	・在荃灣愉景新城推出「SOHO MARKET X 荔園市集嘉年華」，於八月十六日開幕，九月三日完結。	

參考資料

報章

The China Mail

《大公報》

《工商日報》

《工商晚報》

《中聲晚報》

《天天日報》

《文匯報》

《成報》

《自然日報》

《明報》

《明燈日報》

《東方日報》

《南華早報》

《星島日報》

《星島晚報》

《香港時報》

《香港商報》

《真報》

《掃蕩晚報》

《南華晚報》

《循環日報》

《晶報》

《華僑日報》

《新星日報》

《新晚報》

《新報》

《電視日報》

《蘋果娛樂》

專書

《中華新曆香港日用手冊》（香港：東方出版廣告公司，一九五三）。

余震宇：《九龍海岸線》（香港：中華書局，二〇一五）。

余震宇：《港島海岸線》（香港：中華書局，二〇一四）。

吳昊、張建浩：《香港老花鏡之生活舊貌》（香港：皇冠，二〇〇一）。

《香港公教進行會籌募青年活動基金遊藝大會節目》，一九六四年。

《香港手冊》全一冊（香港：嘉華出版廣告社，一九五〇）。

香港樂高迷用戶組：《砌出香港》（香港：非凡出版，二〇一五）。

高添強：《黑白香港 1990s》（香港：三聯書店，二〇一六）。

梁廣福：《再會，遊樂場》（香港：中華書局，二〇一五）。

梁廣福：《歲月無聲消逝：香港世紀末照相簿》（香港：明窗，二〇〇一）。

許日彤：《九龍照舊》（香港：中華書局，二〇一六）。

許日彤：《香港照舊》（香港：中華書局，二〇一四）。

《通用版最新地圖 - 九龍》（香港：通用圖書，一九八〇）。

《陳寶珠與影友》（香港：影迷俱樂部，一九六六）。

《最新版九龍市區詳圖》（香港：廣智書局，一九六七）。

黃少儀、楊維邦：《香港漫畫圖鑑》（香港：樂文書店，二〇〇二）。

黃少儀、楊維邦：《香港漫畫圖鑑 1867-1997》（香港：非凡出版，二〇一七）。

黃燕清：《香港掌故》（香港：心一堂，一九五八）。

《新英文九龍全圖》（香港：珍珍，一九五七）。

《新新版九龍全圖》（香港：新新，一九七四）。

葉碧青：《從深水步到深水埗》（香港：深水埗區公民教育委員會出版，一九九八）。

《銀壇吐艷：芳艷芬的電影》（香港：wings workshop，二〇一〇）。

劉斯傑：《香港彈起系列：童年樂園》（香港：三聯書店，二〇一三）。

鄭心墀：《趣談今昔香港》（香港：萬里書店，二〇〇〇）。

鄭寶鴻：《百年香港：分區圖賞》（香港：經緯文化，二〇一五）。

鄭寶鴻：《百年香港：華人娛樂》（香港：經緯文化，二〇一三）。

鄭寶鴻：《香港華洋行業百年：飲食與娛樂篇》（香港：商務印書館，二〇一六）。

鄭寶鴻：《港島街道百年》（香港：三聯書店，二〇〇〇）。

《養正學校周邊平面圖》（香港，一九七一）。

《親密愛人梅艷芳紀念特刊》（香港：環球（國際）出版有限公司，二〇〇四）。

蘇浙旅港同鄉會：《陳存仁博士華誕七十》（香港：蘇浙旅港同鄉會，一九七八）。

雜誌／畫報

《大眾電視周刊》，一九八五年一月。
《大眾電視周刊》，一九八四年八月二十五日。
《中國電影》第六期，一九五八年。
《今日世界》，十二月。
《今日攝影》，一九七七年新年號。
《名人雜誌》，第四期，一九八〇年八月。
《足球圈》，第四十期，一九七八年。
《亞洲娛樂》，一九六五年一月。
《佳視週刊》第一百一十五期，一九七七年十一月十日。
《東方新地》，一九九七年一月二十六日。
《東南亞周刊》，第九期，一九六五年。
《東風畫報》，一九四八年五月二十九日。
《東風畫報》，一九五〇年六月二十日。
《東風畫報》，一九五九年八月六日。
《東風畫報》，一九六七年七月七日。
《迎春特刊》，一九七三年二月。
《青年香港雜誌》，一九六五年八月。
《南北極》，第三十五期，一九七三年四月十六日。
《星島好兒童．星島青少年》，第二十四期，一九七九年五月。
《星晚週刊》，一九八〇年七月二十一日。
《活力電視周刊》，一九八五年。
《香港周刊》，一九八一年八月二十九日。
《香港周刊》，一九八二年二月五日。
《香港風景影集》，星島晚報攝影週刊出版，一九六七年。
《香港節影集》，一九七一年。
《香港影畫》，一九七〇年十二月。
《香港影畫》，一九七五年七月。
《娛樂一週》，一九七七年六月十二日。
《娛樂月刊 cinema herald》，一九五〇年六月。
《家庭生活》第四百九十五期，一九六四年十一月三十日。
《旅遊在香港攝影集》，星島晚報攝影週刊出版，一九六八年。
高嶺梅編：《香港》，一九六一年。
《國際畫報》，一九七七年二月。
《新界概覽》，一九五四年三月。
《電視日報》，一九七七年二月二日。
《電視週刊》，一九七六年十一月。
《麗池四週年紀念特刊》，一九五一年九月。
《麗聲電視周刊》，第三十五期，一九七四年。

其它

《A visit to Lai Chi Kok Park》（香港：朗文，一九六二）。

《Recruit》，一九九四年三月二十五日。

《小學自然》三年級上學期（香港：大雅圖書，一九六九）。

《小學自然》五年級下學期（香港：大雅圖書，一九六九）。

《世界兒童》，贈閱，一九七六年六月一日。

《兒童樂園》，二百六十四期，一九六四年一月一日。

《兒童樂園》，二百八十八期，一九六五年一月一日。

《香港政府年鑑》，一九七八年。

《香港政府年鑑》，一九八二年。

《新標準幼稚園常識》（香港：風行出版社，一九七〇年代）。

電視劇《難兄難弟之神探李奇》，香港無線電視，一九九八年。

鳴謝（排名不分先後）

邱達根先生
袁國基先生
張順光先生
吳文正先生
黎耀強先生
梁卓倫先生
白靜薇小姐
張建達先生
文翠玲小姐
廖信光先生
勞廸生先生
周浩正先生

黃景燕小姐
Mr. Alan Chow
Ms. Gloria Chow
Ms. Kimmy Kum
吳貴龍先生
劉歷奇先生
吳彩虹小姐
伍澤棠先生
梁球先生
李伯照先生
劉智聰先生
張顯倫先生

後記

因着偶然的發現及興趣，筆者收集荔園相關的文物已有多個年頭，卻一直把那一大堆散亂龐雜的資料擱置一旁，未有細加整理。二〇一七年，因緣中華書局（香港）有限公司黎耀強先生翻閱過這批舊物，包括入場券、舊照、紀念品、報章、雜誌等，認為藏品富價值，建議小弟將這段荔園歷史一點一滴重新整理、拼湊，結集成書，並計劃於翌年的二〇一八年書展面世，那年剛好是荔園創建七十週年，正好以此書作懷緬和致敬，同時展望未來。

筆者由是戰戰兢兢開始了這條「寫書之路」，起初還嫌棄手頭上的資料太多，在編寫大綱時為難於取捨而苦惱，後來卻發現「書」到用時方恨「少」，每個項目都出現不少缺漏，還需從各方另覓材料補白，幸好那時距離交稿還有些時日，加上身邊朋友幫了不少忙，在提供資料之餘還給了不少寶貴的意見，稿件得以變得愈來愈完整和豐富。

然而，後來因着一些事故及延誤，書籍最終未能趕及荔園七十週年面世。擱置了整整五年，這本書被重提於今年書展出版，一切都來得非常突然，我只好重新埋首未成書形的初稿和藏品，再次翻閱整理。說實在的，對着封塵已久的資料，當時的我心情非常忐忑，提不起勁之餘，又感無從入手之苦。幸好，可能我深受父親樂天性格使然，發覺身邊總有伴隨而來的助力：中華書局（香港）有限公司責任編輯白靜薇小姐的協助、荔園有限公司主席邱達根先生的代序；還有，原來在新書終能正式面世的二〇二三年，荔園也剛好踏入七十五鑽禧之年了。

這到底是一個巧合還是有別的啟示，不去深究也罷。但此時此刻，讓我們先藉着此書，為荔園踏入鑽禧之年乾一杯，祝願她在未來的日子能一直延續這種「簡單的快樂」精神，繼續為大家製造更多驚喜和歡樂！

憶記茄園

增訂版

梁經緯 著

責任編輯
白靜薇

裝幀設計
Sands Design Workshop

排　　版
Sands Design Workshop、簡雋盈

印　　務
劉漢舉

出　　版
中華書局（香港）有限公司
香港北角英皇道 499 號北角工業大廈 1 樓 B 室
電話：(852) 2137 2338
傳真：(852) 2713 8202
電子郵件：info@chunghwabook.com.hk
網址：http://www.chunghwabook.com.hk

發　　行
香港聯合書刊物流有限公司
香港新界荃灣德士古道 220-248 號
荃灣工業中心 16 樓
電話：（852）2150 2100
傳真：（852）2407 3062
電子郵件：info@suplogistics.com.hk

印　　刷
深圳市雅德印刷有限公司
深圳市龍崗區平湖輔城坳工業大道 83 號 A14 棟

版　　次
2023 年 7 月初版
2024 年 7 月增訂版

規　　格
16 開（250mm×190mm）

ISBN
978-988-8862-15-3